A ARTE DA GUERRA

O tratado militar mais antigo do mundo

A ARTE DA GUERRA

SUN TZU

O tratado militar mais antigo do mundo

Tradução e notas

MARSELY DE MARCO M. DANTAS

MARTIN CLARET

Edição usada publicada em 1910. Título original: *The Art of War.*

DIREÇÃO
Martin Claret

PRODUÇÃO EDITORIAL
Carolina Marani Lima
Mayara Zucheli

DIREÇÃO DE ARTE E CAPA
José Duarte T. de Castro

DIAGRAMAÇÃO
Giovana Gatti Quadrotti

ILUSTRAÇÃO DE CAPA
Syrytsyna Tetiana / Shutterstock

REVISÃO
Patrícia Murari

IMPRESSÃO E ACABAMENTO
Cromosete Gráfica

Este livro segue o novo Acordo Ortográfico da Língua Portuguesa.

Dados Internacionais de Catalogação na Publicação (CIP)
(Câmara Brasileira do Livro, SP, Brasil)

Tzu, Sun.
A arte da guerra: o tratado militar mais antigo do mundo/ Sun Tzu; tradução Marselly de Marco M. Dantas. - São Paulo: Martin Claret, 2016. - (Edição especial)

Título original: The art of war
ISBN 978-85-440-0131-8

1. Arte e ciência militar - Obras anteriores a 1800 I. Título II. Série.

16-08499 CDD-355

Índices para catálogo sistemático:
1. Arte e ciência militar 355

EDITORA MARTIN CLARET LTDA.
Rua Alegrete, 62 - Bairro Sumaré - CEP: 01254-010 - São Paulo, SP
Tel.: (11) 3672-8144 - www.martinclaret.com.br
4ª reimpressão - 2022

SUMÁRIO

PREFÁCIO

NAS ARTES DO ENFRENTAMENTO, DA DISCIPLINA E DA REFLEXÃO, A PERENIDADE HISTÓRICA DE *A ARTE DA GUERRA*

RONALDO DE OLIVEIRA BATISTA*

Sun Tzu, autor de *A arte da guerra*, viveu entre 544 e 496 a.C. e ficou para a história, graças a seu tratado militar, como um dos maiores estrategistas já conhecido, influenciando muitos séculos depois tanto líderes políticos como, em uma dimensão mais contemporânea a nossa, administradores de empresa, economistas, políticos, empresários e muitos outros profissionais que precisam, constantemente, envolver-se com diferentes situações de interação social e verbal, em que uma meta nunca se coloca como distante: a da vitória e dos empreendimentos que devem ser bem-sucedidos em seus recortes finais. Temos, assim, em permanência histórica e cultural, uma transferência, de início impensada, entre situações de extremo conflito e violência, como guerrear e eliminar a qualquer custo o inimigo, para episódios mais próximos do cotidiano de todos nós, homens de nosso tempo, que imersos entre a competição

---

* Ronaldo de Oliveira Batista é doutor em Linguística pela Universidade de São Paulo. Além de textos em periódicos especializados, é autor dos livros *Introdução à pragmática* (Editora Mackenzie) e *A palavra e a sentença* (Editora Parábola).

mais brutal dos modos modernos de ganhar a vida guerreamos, em uma dimensão metafórica, diariamente, em busca do lucro e do sucesso pessoal.

Em breves capítulos sobre estratégias militares, o Mestre Sun (como também era conhecido Sun Tzu) nos fala sobre método, preparo, reflexão e disciplina em uma chave que conduz nossas reflexões contemporâneas em semelhantes caminhos e procedimentos, partindo do princípio central de que é o planejamento uma estratégia que nos diferencia e nos leva à vitória, seja nas artes do desafio, seja nas artes da comunicação (tão repleta de mal-entendidos e ambiguidades), seja na arte de nossas guerras contemporâneas. A negociação é o que sobressai do manual que se tornou um dos clássicos da tradição literária chinesa, atravessando tempos e épocas, revelando, uma identificação inesperada; as tramas de culturas que nos colocam em contato com nossas mais essenciais visões sobre o homem e seu comportamento.

Se a guerra, para Sun Tzu, conduz a estados de perdas, inevitáveis para todos, é a disciplina da negociação que pode evitá-la; a partir desse ponto de vista podem ser apontados alguns eixos, segundo os especialistas na obra, que conduzem *A arte da guerra*: a) um primeiro eixo em que se destacam a força, a energia e a autoridade, elementos que determinam a vantagem estratégica em situações de conflito; b) um segundo eixo no qual forma e imagem conduzem a posicionamentos estratégicos; c) um terceiro eixo em que conhecimento prévio e planejamento fornecem informações estratégicas.

Sobre o planejamento e a reflexão, diz Sun Tzu: "*O general que vence uma batalha é o que gasta muitas horas no templo, em reflexões, antes de a batalha ser encetada*". Essa afirmação, característica do modo de construção do livro, implica outro ensinamento do mestre chinês, aquele que nos leva a pensar com cuidado sobre o momento de lutar e o momento de não lutar. Também comentários sobre a questão do poder nos direcionam, contemporaneamente, a uma leitura dos ensinamentos que nos parece sem dúvida atual: poder é controle sobre o sucesso, que podemos entender como vaidade e autossuficiência.

E em torno dos três eixos centrais da obra de Sun Tzu podemos dizer que ficam ensinamentos breves, abertos a diferentes interpretações, não apenas aquelas literalmente ligadas às artes de uma guerra de fato — elemento que sem dúvida contribui para o sucesso e a perenidade da obra em diferentes tempos e em diversos tipos de sociedade. Entre esses ensinamentos, a necessidade da disciplina e do método, refletir é imperioso antes de agir, incluindo a observação do inimigo e seus hábitos, as manobras da estratégia, o convencimento e a persuasão, colocando, consequentemente, outra arte como possível chave de interpretação de natureza mais contemporânea a nós: as artes do dizer e do posicionamento social.

Entre um texto escrito há tantos séculos (provavelmente a fixação do texto final tenha se dado no segundo século a. C., com diferentes releituras e reescritas em momentos diversos) e as leituras modernas que se atualizam nas mãos de cada leitor, reside a importância de publicar, ler e reler *A arte da guerra*, pois ela aborda elementos presentes em todas as formações humanas, não importando o tempo nem características específicas, uma vez que Sun Tzu fala essencialmente de relações humanas, permeadas, em todas as épocas e em todas as situações, por diferentes tipos de poder, entendido aqui tanto de um modo restrito (o poder de fato sobre o outro, um inimigo) quanto em um sentido amplo (um poder mais abstrato, constituinte de nossas relações inevitavelmente construídas em hierarquias, cargos, funções e papéis sociais). Esse poder, ou essas diferentes instâncias de poder, permeia todos os níveis de uma sociedade, sendo aquilo que permite, em um dos seus elementos, a própria constituição de uma arquitetura social e também aquilo que gera as ações sociais, em gestos, práticas e dizeres ideologicamente articulados, em uma complexa rede de permissões e coerções.

E o leitor, ao entrar em um universo que aparentemente se constrói como distante de nós, reconhecerá nas palavras do mestre chinês, tão longe temporalmente, atitudes que tomamos no nosso dia a dia, no trabalho, nos projetos, nos contatos sociais e até afetivos. Isso porque em essência estamos diante de um objeto cultural que se manteve e se mantém ativo em sua construção histórica, entrelaçando impensáveis relações, contribuindo para que em meio a divisões sejamos, no final das contas, parte de uma humanidade muito mais homogênea do que pensa ser, já que nos identificamos com as palavras de Sun Tzu não porque sejamos guerreiros, reais ou na ilusão, mas sim porque fazemos parte de um sujeito universal que aparece e reaparece cada vez que um elemento da cultura humana traça um caminho de pura historicidade; ao manter por tanto tempo o interesse de todos nós como universais mesmo diante de todas as nossas grandes especificidades.

Dedico esta tradução ao meu irmão, Capitão Valentine Giles, na esperança de que uma obra de 2.400 anos ainda contenha lições de grande valor aos soldados de hoje.

INTRODUÇÃO

SUN WU E SEU LIVRO

Ssu-ma Ch'ien dispõe da seguinte biografia de Sun Tzu: [1]

[Sun Tzu Wu era nativo do Estado de Ch'i. Sua *Arte da Guerra* chamou a atenção de Ho Lu, [2] Rei de Wu, que lhe disse: "Li cuidadosamente os 13 capítulos. Posso colocar à prova sua teoria de gerenciar soldados com um pequeno teste?". "Pode", respondeu Sun Tzu. "Posso aplicar esse teste também às mulheres?", Ho Lu perguntou. A resposta novamente foi afirmativa. Então, foram feitos os preparativos para trazer 180 mulheres ao palácio. Sun Tzu as separou em dois pelotões, em seguida colocou duas concubinas favoritas do rei no comando. Após fornecer lanças a todas as mulheres, disse: "Suponho que vocês saibam a diferença entre *para frente* e *para trás*, e entre *direita* e *esquerda*". "Sim", as garotas responderam. "Quando eu disser *Olhar para a frente,*" continuou Sun Tzu, "vocês devem olhar fixamente para a frente. Quando eu disser *Esquerda, volver,* vocês devem virar para a esquerda. Quando eu disser *Direita, volver*, vocês devem virar para a direita. Quando eu disser *Meia volta, volver*, vocês devem virar para trás". As mulheres consentiram. Uma vez explicados os comandos, disse a elas como deveriam posicionar as lanças durante o treinamento. Em seguida, ao som de tambores, comandou "*Direita, volver!*", e as mulheres começaram a rir. Sun Tzu disse: "Quando os comandos não são claros e distintos, quando eles não são claramente compreendidos, a culpa é do general. Mas, quando os comandos são claros e ainda assim os soldados desobedecem, a culpa é dos oficiais em comando". Logo em seguida, Sun Tzu ordenou a decapitação das oficiais do comando. O Rei de Wu observava tudo do alto de uma estrutura, e quando percebeu que suas concubinas preferidas seriam executadas, ficou tão desesperado que rapidamente enviou a Sun Tzu esta mensagem: "Estamos muito satisfeitos com a habilidade de comando demonstrada pelo general. Entretanto, se formos privados da companhia dessas duas concubinas, nossa carne e nossa bebida perderão o sabor. É de nossa vontade que elas não sejam decapitadas". Sun Tzu respondeu: "Uma vez que recebi de Vossa Majestade a ordem de ser o general de vossas forças, há certos comandos que, mesmo vindos de Vossa Majestade, na capacidade de general, não posso aceitar". Assim, dando sequência à decapitação, constituiu imediatamente duas novas oficiais. Quando os tambores bateram, marcando o início de um novo treinamento, as mulheres obedeceram a todos os comandos — virando à direita, à esquerda, para a frente e para trás, agachando e levantando — com total perfeição e precisão, sem emitir qualquer som. Em seguida, Sun Tzu enviou um mensageiro para o Rei com a seguinte mensagem: "Vossos soldados, meu senhor, agora estão corretamente treinados e disciplinados, e prontos para vossa inspeção. Eles podem ser usados a vosso bel-prazer: ordenai que atravessem fogo ou água e não desobedecerão". Mas o Rei replicou: "Que nosso general pare o treinamento e retorne ao acampamento. Agora não temos interesse em inspecionar as tropas". E então Sun Tzu disse: "O Rei prefere as palavras porque não consegue transformá-las em atos". Depois disso, Ho Lu percebeu que Sun Tzu era o único homem que realmente sabia lidar com um exército e, enfim, deu a ele o comando total de suas tropas. No oeste, Sun Tzu derrotou o Estado de Ch'u e chegou à capital, Ying; ao norte, aterrorizou os Estados de Ch'i e Chin e viu sua fama chegar aos príncipes feudais. Por fim, Sun Tzu chegou a compartilhar do poder do Rei].

O trecho é o que Ssu-ma Ch'ien tem a nos contar sobre Sun Tzu neste capítulo. Entretanto, mais adiante, o autor nos fornecerá uma biografia do seu descendente, Sun Pin — nascido cerca de cem anos após a morte do seu famoso ancestral — e falará sobre a expressiva genialidade militar dessa época. O historiador também o chama de Sun Tzu, e em seu prefácio descreve: "Sun Tzu teve seus pés cortados e assim mesmo continuou discutindo sobre a Arte da Guerra". [3] Infere-se que "Pin" foi um apelido dado a ele depois de ter sofrido a mutilação, ou a história foi inventada para justificar o nome. A derrota arrasadora de seu traiçoeiro rival P'ang Chuan será brevemente relatada no capítulo V § 19. Retornemos ao Sun Tzu mais antigo, que é mencionado em duas outras passagens do *Shih chi*:

> [No terceiro ano do seu reinado (512 a.C.), Ho Lu, Rei de Wu, foi ao campo de batalha com Tzu-hsu (ou seja, Wu Yuan) e Po P'ei para atacar Ch'u. Tomou a cidade de Shu e escravizou os dois filhos do príncipe que haviam sido generais de Wu. Depois, começou a planejar um ataque a Ying (a capital); mas o general Sun Wu disse: "O exército está exausto. Ainda não é possível. Precisamos esperar... (após outra luta vencida)". No nono ano (506 a.C.), o Rei Ho Lu disse a Wu Tzu-hsu e Sun Wu: "Anteriormente, vocês afirmaram que ainda não seria possível tomar Ying. Será que agora é possível?". Os dois responderam: "O general de Ch'u, Tzu-ch'ang [4] cobiça o poder, e os príncipes de T'ang e Ts'ai têm ódio dele. Se Vossa Majestade deseja tomar Ying, precisa primeiro aliar-se a T'ang e Ts'ai, e derrotar Ch'u. Ho Lu seguiu seu conselho, derrotou Ch'u em cinco batalhas intensas e marchou para Ying]. [5]

Esse é o último registro conhecido de Sun Wu. Tudo indica que ele não viveu mais do que seu soberano, e morreu em 496, em consequência de um ferimento. Em outro capítulo, temos a seguinte passagem: [6]

> [Desse momento em diante, surgiu um grande número de soldados famosos, um após outro: Kao-fan, [7] que servia ao Estado de Chin; Wang-tzu, [8]* a serviço de Ch'i; e Sun Wu, a serviço de Wu. Esses homens desenvolveram e elucidaram os princípios da guerra].

* A nota 9 foi omitida no texto original.

Obviamente, Ssu-ma Ch'ien não duvidava da importância histórica de Sun Wu, com uma diferença a ser apontada: ele era a autoridade mais importante da época.

Não será necessário, portanto, falar de uma obra como *Wu yueh ch'un ch'iu*, que supostamente foi escrita por Chao Yeh no século I d.C. A fonte é um tanto duvidosa, mas, ainda que não fosse, sua contribuição teria pouco valor, pois é baseada no *Shih chi* e ilustrada com detalhes românticos. A história de Sun Tzu será contada no capítulo II. Os únicos novos pontos que valem nossa atenção são:

1. Sun Tzu foi recomendado ao Rei Ho Lu por Wu Tzu-hsu.
2. Ele era nativo de Wu.
3. Havia inicialmente vivido em retiro e seus contemporâneos desconheciam suas habilidades.

Está escrito no *Huai-nan Tzu*: "Quando soberanos e ministros apresentam uma mente deturpada, é impossível até mesmo para um Sun Tzu encontrar o inimigo". Levando em consideração a veracidade da obra citada (até então nenhuma dúvida fora levantada), concluímos que temos a mais recente e direta referência a Sun Tzu, pois Huai-nan Tzu morreu em 122 a.C., muitos anos antes que o *Shih chi* tivesse vindo ao mundo. Liu Hsiang (80–9 a.C.) disse: "A razão pela qual Sun Tzu, com um exército de apenas 30 mil homens, derrotou Ch'u foi porque lutou contra 200 mil homens totalmente indisciplinados".

Teng Ming-shih explica que o sobrenome "Sun" foi concedido ao avô de Sun Wu pelo Duque Ching de Ch'i (547–490 a.C.). O pai de Sun Wu, Sun P'ing, tornou-se Ministro do Estado em Ch'i, e o próprio Sun Wu, cujo estilo era Ch'ang-ch'ing, fugiu para Wu por causa da rebelião que estava sendo fomentada por um parente de T'ien Pao. Ele tinha três filhos, dos quais o segundo, chamado Ming, era pai de Sun Pin. De acordo com ele, Pin era neto de Wu, informação cronologicamente possível se considerarmos a vitória de Sun Pin sobre Wei em 341 a.C. Não posso afirmar que esses dados foram obtidos por Teng Ming-shih, mas com certeza não são confiáveis. Um documento interessante que sobreviveu à dinastia Han é o curto prefácio escrito por Ts'ao Ts'ao, ou Wei Wu Ti, em sua edição de Sun Tzu que aqui transcrevo:

> [Ouvi dizer que os antigos usavam arco e flecha. [10] O *SHU CHU* menciona "o exército" entre os "oito objetos do governo". O *I CHING* diz: "exército indica firmeza e justiça; o líder habilidoso prosperará". O *SHIH CHING* diz: "O Rei mostrou-se implacável em sua fúria e comandou suas tropas". O Imperador Amarelo, T'ang o Realizador, e Wu Wang usaram lanças e alabardas para ajudar sua geração. O *SSU-MA FA* diz: "Se um homem tira a vida de outro com um propósito, pode ser igualmente privado da sua". Aquele que depende apenas da guerra será exterminado; aquele que depende apenas da paz sucumbirá. Esses dizeres são de Fu Ch'ai [11] e Yen Wang. [12] Em questões militares, a regra de Sage é aplicada normalmente para manter a paz; o exército é movimentado apenas quando necessário, assim como o uso da força armada. Li muitos livros sobre guerras e batalhas, mas a obra de Sun Wu continua sendo a mais elaborada de todas. Sun Tzu era nativo do Estado de Ch'i e seu nome pessoal era Wu. Ele escreveu *A arte da guerra* em 13 capítulos para Ho Lu, Rei de Wu. Seus princípios foram testados com mulheres e, em seguida, ele foi nomeado general, quando liderou um exército para o oeste, esmagou o Estado de Ch'u e tomou a capital, Ying. Ao norte, aterrorizou Ch'i e Chin. Mais de cem anos depois da sua época, viveu Sun Pin, descendente de Wu. [13] Sun Tzu nunca poderá ser criticado por seu planejamento e distribuição do exército, ou por sua rápida atitude de ganhar o campo de batalha, [14] ou mesmo por seu perfeccionismo e ideias claras. Meus contemporâneos, entretanto, não conseguiram entender a verdadeira essência de suas instruções e, ao colocarem em prática alguns ensinamentos de sua obra, negligenciaram seu propósito principal. Foi isso que me motivou a delinear uma breve explicação do seu trabalho].

Em relação ao que já foi dito sobre *A arte da guerra*, um aspecto chama a atenção: a declaração explícita de que os 13 capítulos foram compilados especialmente para o Rei Ho Lu. A afirmação é sustentada pela evidência interna no *I Ching* § 15, onde é evidente a citação de um soberano. Na seção bibliográfica do *HAN SHU*, há uma citação que gerou muita discussão: "As ideias de Sun Tzu de Wu em 82 *p'ien* (ou capítulos), com diagramas em 9 *chuan*". É evidente que esse trecho vai contra a ideia da existência dos 13 capítulos conhecidos por Ssu-ma Ch'ien, ou pelos atuais comentaristas.

Chang Shou-chieh faz referência a uma edição de *A arte da guerra* de Sun Tzu, na qual os "13 capítulos" da obra formavam o primeiro *chuan* de um total de três. Este relato gerou uma teoria em que a maior parte dos 82 capítulos vinha de outros trabalhos escritos por Sun Tzu, que chamamos de apócrifos. No *Wen ta*, há um personagem que lida com as Nove Situações [15] e é preservado no *T'ung tien*; há também outro nos textos de Ho Shin.

Suspeita-se que antes de sua entrevista com Ho Lu, Sun Tzu havia escrito apenas os 13 capítulos, e mais tarde teria composto um tipo de exegese em forma de perguntas e respostas entre ele e o rei. Pi I-hsun, o autor de *Sun Tzu hsu lu*, sustenta o pensamento com uma citação do *Wu Yueh ch'un ch'iu*: "O Rei de Wu chamou Sun Tzu e fez-lhe perguntas sobre *A arte da guerra*. Cada vez que Sun Tzu narrava um capítulo da sua obra, o rei não conseguia encontrar elogios suficientes para enaltecer seu trabalho". Se todo o trabalho foi esclarecido na mesma escala como nos fragmentos já mencionados, o número total de capítulos só poderia ser considerável. Então, os outros numerosos trabalhos atribuídos a Sun Tzu podem ser incluídos.

O fato de o *Han chih* não mencionar qualquer obra de Sun Tzu, exceto os 82 *p'ien*, ao mesmo tempo que as bibliografias do *Sui* e do *T'ang* fornecem outros títulos além dos "13 capítulos", já constitui uma boa prova de que Pi I-hsun acha que todas estão contidas nos 82 *p'ien*. Sem confiarmos inteiramente na veracidade dos detalhes fornecidos pelo *Wu Yueh ch'un ch'iu*, ou admitirmos a legitimidade de qualquer um desses trabalhos citados por Pi I-hsun, veremos nessa teoria uma provável solução para o mistério.

Entre Ssu-ma Ch'ien e Pan Ku, houve muito tempo para a fomentação de mentiras bem elaboradas em torno do nome mágico de Sun Tzu. Assim, os 82 *p'ien* podem muito bem representar uma compilação entre essas mentiras e os textos originais. Também é possível, embora menos provável, que alguns desses textos já existissem na época do historiador mas tenham sido propositadamente ignorados por ele. [16]

A suposição de Tu Mu parece ser baseada em uma passagem que afirma: "Wei Wu Ti posicionou-se a favor d'*A arte da guerra* de Sun Wu", o que pode ter sido resultado de um mal-entendido das palavras finais do prefácio do rei escrito por Ts'ao. Sun Hsing-yen aponta que essa é apenas uma forma moderna de dizer que o autor produziu uma paráfrase explicativa ou, em outras palavras, apenas escreveu um comentário. Na totalidade, essa teoria alcançou pouca aceitação. Por essa razão, o *Ssu k'u ch'uan shu* diz: "A referência aos 13 capítulos no *Shih chi* mostra que eles existiam antes do *Han chih*, e que as adições subsequentes não são consideradas parte da obra original. A afirmação de Tu Mu certamente não pode ser aceita como prova". Então, temos todas as razões para supor que os 13 capítulos já existiam na época de Ssu-ma Ch'ien praticamente como existem hoje. Ele nos diz com todas as palavras que a obra já era bem conhecida naquela época. "Os treze capítulos de Sun Tzu e *A arte da guerra* de Wu Ch'i são os livros que as pessoas normalmente usam como referência quando o assunto são questões militares. Ambos são amplamente difundidos, portanto não serão discutidos aqui".

Contudo, ao adiante, sérias dúvidas são levantadas. O fato que precisa ser explicado é: por que *Tso chuan*, o maior registro contemporâneo da época, não menciona Sun Wu como general nem como escritor? Diante dessa estranha circunstância, é natural que muitos pesquisadores levantem dúvidas sobre as histórias de Sun Wu relatadas no *Shih chi*, e se mostrem genuinamente céticos em relação à sua existência. A representação mais poderosa desse lado da moeda pode ser encontrada na seguinte consideração de Yeh Shui-hsin: [17]

> [A história de Ssu-ma Ch'ien alega que Sun Wu era nativo do Estado de Ch'i e estava a serviço de Wu. Durante o reinado de Ho Lu, destruiu Ch'u e tomou sua capital, Ying. Foi um grande general, embora nenhum Sun Wu tenha sido citado no *Comentário de Tso*.

É verdade que seus escritos não precisavam ter mencionado absolutamente tudo que as outras histórias continham. Entretanto, Tso não deixou de mencionar plebeus vulgares e agressores contratados como Ying K'ao-shu, [18] Ts'ao Kuei, [19], Chu Chih-wu e Chuan She-chu [20]. No caso de Sun Wu, cuja fama e realizações foram excepcionais, a omissão é muito mais evidente. Novamente, detalhes são fornecidos sobre seus contemporâneos Wu Yuan e o ministro P'ei. [21] Seria concebível que somente Sun Wu tenha sido esquecido?].

Em termos de estilo literário, os trabalhos de Sun Tzu pertencem à mesma escola de *Kuan tzu*, [22] *Liu t'ao*, [23] e *Yueh yu* [24]. Os escritos podem ter sido produzidos por algum sábio vivo no final de um período da história chinesa conhecido como "Primavera e Outono", ou no início do período dos "Estados Combatentes". [25] A história de que seus preceitos teriam sido aplicados pelo Estado de Wu é meramente produto de conversas criativas de seus seguidores.

Do período de crescimento da dinastia Chou [26] até a "Primavera e Outono", todos os comandantes militares eram também estadistas. A classe de generais profissionais usada para conduzir campanhas externas ainda não existia — a nova classe só surgiria no período dos "Seis Estados". [27] Ainda que Wu fosse um Estado inculto, seria concebível que Tso não tivesse registrado que Sun Wu foi um grande general, mesmo não tendo ocupado um cargo civil? Assim, o que nos foi contado sobre Jang-chu [28] e Sun Wu não é verdadeiro; é apenas uma invenção irresponsável dos teóricos. A história do teste de Ho Lu com mulheres é completamente ilógica e impossível.

De acordo com Ssu-ma Ch'ien, Yeh Shui-hsin alega que Sun Wu destruiu Ch'u e tomou sua capital, Ying, o que está correto. Sem dúvida, a impressão que ficou na mente do leitor é que Yeh Shui-hsin presenciou tais acontecimentos. O fato pode ser ou não significativo, mas não fica explícito no *Shih chi* que Sun Tzu liderou o exército para tomar Ying, ou mesmo que tivesse participado do ataque. Além disso, (como sabemos que Wu Yuan e Po P'ei participaram do ataque, e também que o sucesso ocorreu, em grande parte, devido à iniciativa e à ousadia de Fu Kai, o irmão caçula de Ho Lu) não é fácil entender como outro general pudesse ter sido escolhido para desempenhar um papel tão importante na mesma campanha militar. Ch'en Chen-sun, da dinastia Sung, escreveu:

> [Escritores militares consideram Sun Wu o pai da sua arte. Mas, por não aparecer no *Tso chuan,* embora se tenha dito que serviu sob o comando de Ho Lu, Rei de Wu, não se sabe ao certo o período ao qual ele realmente pertenceu.]

Ele também alega que os textos de Sun Wu e Wu Ch'i podem ser genuinamente antigos. Não há dúvida que Yeh Shui-hsin e Ch'en Chen-sun, mesmo rejeitando a figura de Sun Wu apresentada na história de Ssu-ma Ch'ien, estão inclinados a aceitar a data tradicionalmente conferida aos trabalhos que levam seu nome. O autor do *Hsu lu* não consegue entender a distinção; assim, o ataque intenso a Ch'en Chen-sun acaba perdendo o propósito. Entretanto, uma de suas alegações vai diretamente a favor dos "13 capítulos". "Sun Tzu", disse ele, "deve ter vivido na época de Ching Wang (519–476 a. C.), pois é frequentemente plagiado nos textos das subsequentes dinastias de Chou, Ch'in e Han".

Os dois maiores plagiadores de Sun Tzu são Wu Ch'i e Huai-nan Tzu, ambos personagens históricos importantes em suas épocas. Wu Ch'i viveu apenas um século após a suposta data de Sun Tzu, e sua morte ocorreu em 381 a.C. De acordo com Liu Hsiang, foi para ele que Tseng Shen entregou o *Tso chuan* que havia sido confiado a ele pelo autor. [29] O fato de diversas citações, conhecidas ou não, de *A Arte da Guerra* serem encontradas nos textos de vários autores de diferentes épocas significa que a obra é anterior a todos eles. Em outras palavras, os textos de Sun Tzu já existiam no final do século V a.C.

Outra prova da antiguidade de Sun Tzu pode ser encontrada nos significados arcaicos ou obsoletos ligados a um grande número de palavras usadas por ele. Uma lista ainda maior dessas palavras pode ser encontrada no *Hsu lu*. Ainda que algumas interpretações sejam duvidosas, o argumento principal dificilmente é comprometido. Contudo, não devemos esquecer que, estudioso e comentarista de primeira linha, Yeh Shui-hsin defende calorosamente que o estilo dos 13 capítulos pertence à primeira parte do século V. E, mesmo sabendo que ele tentou incessantemente desacreditar a existência de Sun Wu, fica claro que não hesitaria em atribuir uma data mais recente se não acreditasse em sua legitimidade. É precisamente esse o ponto onde a opinião de um estudioso cidadão chinês terá mais peso.

Não precisamos ir muito longe para encontrar outra evidência. No capítulo XIII § 1, há uma evidente alusão ao antigo sistema de posse de terras, já extinto na época de Mêncio. Infere-se que Sun Tzu esperava ansioso para vê-lo ressurgir reformulado. [30] A única guerra que Sun Tzu conhece é aquela contra vários príncipes feudais, na qual carros armados desempenham o papel crucial (cujo uso parece ter sido completamente cessado antes do final da dinastia Chou). Na ocasião, ele fala como um cidadão de Wu, um Estado que desapareceu nos primórdios de 473 a.C., ponto que abordaremos a seguir.

A origem da obra *A arte da guerra* é datada no século V ou um período anterior. Mínima é a probabilidade de a afirmação ser uma invenção, já que a "grande era das falsificações" veio muito depois. Já a possibilidade de o trabalho ter sido forjado logo após o ano 473 é improvável, pois ninguém na época queria ser conhecido pelo envolvimento com uma causa perdida. A teoria de Yeh Shui-hsin, na qual o autor é apresentado como um eremita erudito, também soa inconcebível.

Após a leitura dos princípios de Sun Tzu, se uma coisa aparenta ser mais evidente do que outra, significa que a essência de ambas fora destilada a partir de observações e experiências pessoais. Elas representam a mente de um estrategista nato, dotado de uma rara capacidade de generalização, e de um soldado prático, altamente conhecedor das condições militares de sua época.Sem mencionar que esses fatos foram aceitos e endossados pelos mais conhecidos capitães chineses da história, pois oferecem uma combinação de novidade e sinceridade, sutileza e bom senso, e praticamente apagam a ideia de que foram artificialmente forjados no estudo.

Se admitirmos que os 13 capítulos da obra foram uma produção genuína de um militar que viveu no final do período *Ch'un ch'iu*, também seremos obrigados, apesar do silêncio do *Tso chuan*, a aceitar por completo a interpretação de Ssu-ma Ch'ien? Em razão de sua sóbria reputação como historiador, devemos presumir que os registros usados na biografia de Sun Wu eram falsos e indignos de confiança? Temo que a resposta seja negativa. Ainda há uma grave, se não fatal, objeção à cronologia que cerca a história contada no *Shih chi* que, até onde eu sei, ninguém percebeu ainda. Há duas passagens sobre Sun Tzu nas quais ele faz alusão a assuntos contemporâneos. A primeira está no capítulo VI § 21:

> [De acordo com a minha estimativa, embora os soldados de Yueh excedam nosso próprio número, não terão qualquer vantagem em termos de vitória. Então, digo que a vitória pode ser alcançada].

A segunda está no capítulo XI § 30:

> [Se for indagado sobre a possibilidade de um exército ser formado para imitar o *Shuai-jan*, devo dizer que *sim*. Pois os homens de Wu e os de Yueh são inimigos; e, ainda sim, se estiverem atravessando um rio em um mesmo barco e forem pegos por uma tempestade, ajudarão uns aos outros como a mão direita ajuda a esquerda].

Esses dois últimos parágrafos são extremamente valiosos como evidência da data de composição; atribuem a obra ao período de luta entre Wu e Yueh. Muitas coisas foram observadas por Pi I-hsun, mas escapa à percepção o fato de que também desqualificam a credibilidade da narrativa de Ssu-ma Ch'ien.

Como já vimos, a primeira data positiva fornecida em relação a Sun Wu é 512 a.C. Fala-se dele como um general que atua como conselheiro particular de Ho Lu, mostrando que sua suposta apresentação àquele monarca já havia acontecido e, portanto, que os 13 capítulos já haviam sido escritos. Mas, naquela época, e após vários anos até a captura de Ying em 506, Ch'u (e não Yueh) foi o maior inimigo de Wu. Os dois Estados, Ch'u e Wu, estiveram em guerra durante mais de meio século, [31] e a primeira batalha entre Wu e Yueh ocorreu apenas em 510. [32] Ainda assim, representou apenas um breve intervalo entre a feroz luta contra Ch'u, tanto que o Estado de Ch'u nem é mencionado nos 13 capítulos. A dedução natural é que os 13 capítulos tenham sido escritos quando Yueh tornou-se o principal inimigo de Wu, ou seja, logo após Ch'u sofrer a grande humilhação de 506. Veja a seguir um breve relato dos fatos em ordem cronológica (a.C.):

514: ascensão de Ho Lu.

512: Ho Lu ataca Ch'u, mas é aconselhado a não marchar contra sua capital ,Ying; o *Shi chi* menciona Sun Wu como sendo um general.

511: outro ataque a Ch'u.

510: Wu ataca Yueh com sucesso; essa é a primeira batalha entre os dois Estados.

509: Ch'u invade Wu, mas é derrotado em Yu-chang.

508-506: Ho Lu ataca Ch'u com a ajuda de T'ang e Ts'ai; batalha decisiva de Po-chu, e a captura de Ying; última referência a Sun Wu no *Shih chi*.

505: Yueh tenta invadir Wu na ausência de seu exército. Wu é derrotado por Ch'in e abandona Ying.

504: Ho Lu envia Fu Ch'ai para atacar Ch'u.

497: Kou Chien torna-se Rei de Yueh.

496: Wu ataca Yueh, mas é derrotado por Kou Chien em Tsui-li; Ho Lu é morto.

494: Fu Ch'ai derrota Kou Chien na grande batalha de Fu-chaio, e invade a capital, Yueh.

485: Kou Chien presta homenagem a Wu; Wu Tzu-hsu é morto.

484–482: Kou Chien invade Wu na ausência de Fu Ch'ai.

478: Yueh ataca Wu com frequência.

476–475: Kou Chien cerca a capital de Wu.

473: Derrota final e aniquilamento de Wu.

A frase citada (extraída do capítulo VI § 21) não parece ter sido escrita em pleno auge da vitória. Infere-se que a maré estava contra Wu naquele momento, e que a luta estava longe de terminar. Portanto, podemos concluir que o tratado não existia em 505, pois antes dessa data Yueh não obteve qualquer vitória expressiva sobre Wu. Ho Lu morreu em 496, e se o livro foi escrito para ele, deve ter sido entre 505 e 496, quando o Estado de Wu, provavelmente exausto por suas incursões contra Ch'u, interrompeu momentaneamente as hostilidades. Por outro lado, se optarmos por ignorar a tradição que associa o nome de Sun Wu a Ho Lu, ela também pode ser encontrada entre 496 e 494, ou possivelmente no período de 482 a 473, quando Yueh ressurgia novamente como uma séria ameaça. [33] Por certo, podemos concluir que o autor, seja quem for, não era um homem de grande eminência em sua própria época. A partir desse ponto, o testemunho negativo do *Tso chuan* tem muito mais peso que qualquer vestígio de legitimidade ainda associado ao *Shih chi*, uma vez que outros fatos são desacreditados. Entretanto, Sun Hsing-yen tenta inutilmente explicar a omissão de seu nome do grande Comentário. Foi Wu Tzu-hsu, diz ele, que recebeu todas as honras pelas façanhas de Sun Wu; pois, sendo estrangeiro, não foi premiado com um cargo no Estado.

Então, como surgiu a lenda de Sun Tzu?

Talvez a fama crescente do livro tenha dado, aos poucos, uma espécie de renome artificial ao autor. Era correto e apropriado que alguém tão versado na ciência da guerra também recebesse créditos por realizações sólidas. Sem contar que a tomada de Ying foi, sem dúvida, o maior feito do exército no reinado de Ho Lu; causou uma profunda e duradoura impressão em todos os estados do entorno e elevou Wu ao apogeu, ainda que breve, do seu reinado. Com a passagem dos anos, algo poderia ser mais natural do que o mestre da estratégia, Sun Wu, popularmente identificado com essa campanha, de início, talvez, somente por ter concebido e planejado tudo; e, depois, que tal campanha tenha realmente sido executada por ele junto com Wu Yuan, [34] Po P'ei e Fu Kai? É óbvio que qualquer tentativa para reconstruir até mesmo um esboço da vida de Sun Tzu será, quase totalmente, baseada em conjecturas.

Com esse pré-requisito necessário, devo dizer que Sun Tzu provavelmente foi admitido para servir Wu na época da subida ao trono de Ho Lu; e ganhou experiência durante a intensa atividade militar que marcou a primeira metade do reinado do príncipe, embora apenas na condição de subordinado. [35] Se chegou ao posto de general, certamente nunca esteve em paridade com os três oficiais mencionados.

É certo que Sun Tzu esteve presente no bloqueio e ocupação de Ying e testemunhou o repentino colapso de Wu no ano seguinte. O ataque de Yueh a essa ligação crítica, quando o rival estava cercado por problemas, parece tê-lo convencido de que o reino surgido do nada era o grande inimigo contra o qual todos os esforços deveriam ser direcionados daquele ponto em diante.

Sun Wu era um guerreiro bastante rígido quando se sentou para escrever o famoso livro. De acordo com meus cálculos, a obra surgiu no final, e não no início do reinado de Ho Lu. A história das mulheres possivelmente emergiu após algum incidente real ocorrido mais ou menos na mesma época. Como não se sabe mais a respeito de Sun Wu, é pouco provável que tenha sobrevivido ao seu soberano ou que tenha participado da luta de morte com Yueh, que começou com o desastre em Tsui-li. Se essas inferências estiverem corretas, há uma certa ironia no destino que fez que o mais ilustre homem da paz da China seja contemporâneo do maior escritor sobre a guerra de todos os tempos.

O TEXTO DE SUN TZU

Encontrei dificuldades para colher informações sobre a história do texto de Sun Tzu. As citações que aparecem nos autores antigos mostram que os "13 capítulos" dos quais Ssu-ma Ch'ien fala eram essencialmente iguais aos que temos na atualidade. Há um registro que delineia a ideia de que os escritos circulavam livremente na época, mas o autor apenas lamenta não discuti-los em suas observações. Em seu prefácio, Sun Hsing-yen afirma:

> [Durante as dinastias Ch'in e Han, *A Arte da Guerra* de Sun Tzu era de uso geral entre os comandantes militares, mas parece que eles a consideravam uma obra de relevância misteriosa e se recusavam a comentá-la em benefício das gerações futuras. Então, Wei Wu foi o primeiro a escrever um comentário a respeito].

Como já vimos, não há motivos lógicos para supormos que Ts'ao Kung interferira no texto. Todavia, o texto em si, de forma geral, é tão obscuro, e o número de edições a partir daquela época tão grandioso, principalmente durante as dinastias T'ang e Sung, que seria surpreendente se numerosas adulterações não tivessem sido feitas.

Perto da metade do período Sung, época em que todos os grandes comentários sobre Sun Tzu ganharam vida, um certo Chi T'ien-pao publicou uma obra em 15 *chuan* intitulada *Sun Tzu with the collected commentaries of ten writers (Sun Tzu com os comentários reunidos de dez escritores.* Havia outro texto, com vários comentários feitos por Chu Fu de Ta-hsing, que também contava com apoio dos acadêmicos da época. Mas, nas edições de Ming, Sun Hsing-yen nos conta que, por uma razão qualquer, tais comentários pararam de circular. Assim, até o final do século XVIII, o único texto que circulava procedia da edição de Chi T'ien-pao, embora saibamos que nenhuma cópia verdadeira dessa obra tão importante tenha sobrevivido.

O texto de Sun Tzu aparece na seção de guerra da grande enciclopédia imperial impressa em 1726, a *Ku chin t'u shu chi ch'eng*. Uma outra cópia, a meu dispor, do que é praticamente o mesmo texto com leves modificações, encontramos no livro *Eleven philosophers of the Chou and Ch'in dynasties* (*Onze filósofos das dinastias Chou e Ch'in*, de 1758. A impressão chinesa da primeira edição do Capitão Calthrop é, claramente, uma versão semelhante filtrada pelos canais japoneses. Assim tudo se manteve até que Sun Hsing-yen (1752–1818) — famoso antiquário e acadêmico clássico que reivindicou ser descendente verdadeiro de Sun Wu [36] — descobriu, por acaso, uma cópia do trabalho de Chi T'ien-pao, perdido há muito tempo, durante uma visita à biblioteca do templo de Hua-yin. [37] Anexo estava o *I shuo* de Cheng Yu-Hsien, mencionado no *T'ung chih*, que também era tido como perdido. Isso é o que Sun Hsing--yen indica como sendo a "edição original (ou texto)" — um nome um tanto quanto enganoso, pois não é considerado um texto de Sun Tzu em sua pureza original. Chi T'ien-pao era um compilador descuidado. Ele parece ter ficado contente em reproduzir a versão considerada um tanto quanto degradante para a época, pois não se preocupou em compará-la com as edições anteriores disponíveis.

Felizmente, já existiam duas versões de Sun Tzu mais antigas que a obra descoberta recentemente: uma enterrada no *T'ung tien*, o grande tratado sobre a Constituição, de Tu Yu; e a outra, de forma semelhante, guardada como relíquia na enciclopédia *T'ai p'ing yu lan*. Em ambas, encontramos o texto completo, embora fragmentado, mesclado a outro assunto, e trechos espalhados nas mais diferentes seções. Considerando que o *Yu lan* nos leva de volta ao ano 983, e o *T'ung tien* há 200 anos antes, ou seja, a meados da dinastia T'ang, o valor dessas transcrições antigas de Sun Tzu dificilmente pode ser superestimado. No entanto, a ideia de utilizá-las não parece ter ocorrido a ninguém até Sun Hsing-yen, que, agindo de acordo com as instruções do governo, responsabilizou-se por uma revisão completa do texto. Este é o seu próprio relato:

[Devido aos inúmeros erros no texto de Sun Tzu apresentado pelos editores, o governo ordenou que a edição antiga de Chi T'ien-pao fosse utilizada, e que o texto fosse revisado e corrigido integralmente. Ocorreu que Wu Nien-hu, o Governador Pi Kua, e Hsi — cuja escolaridade ia até o ensino médio completo — arregaçaram as mangas, trabalharam no estudo e provavelmente tenham-me superado. Como consequência, tenho a obra completa dividida em blocos, como se fosse um livro didático para militares].

Certamente as três pessoas aqui referidas se ocuparam do texto de Sun Tzu antes da comissão de Sun Hsing-yen, mas emergem algumas dúvidas quanto ao trabalho realizado. De qualquer maneira, a nova edição, quando finalmente produzida, apareceu com o nome de Sun Hsing-yen e apenas um co-editor, Wu Jen-shi. Eles tomaram a "edição original" por base e, ao compará-la cuidadosamente com versões mais antigas, bem como os comentários existentes e outras fontes de informações como o *I shuo*, conseguiram restaurar diversos trechos questionáveis. No geral, arrumaram o que pode ser considerada a mais próxima abordagem disponível da obra original de Sun Tzu — a ser posteriormente denominada "texto padrão".

A cópia aqui utilizada pertence a uma reimpressão datada de 1877. Está em 6 *pen*, formando parte de um conjunto de 23 obras filosóficas antigas em 83 *pen* bem impresso. [38] Inicia com um prefácio escrito por Sun Hsing-yen (bastante citado na introdução), que justifica a visão tradicional da vida e das realizações de Sun Tzu, e conclui de forma notavelmente concisa a evidência em seu favor. A edição segue com o prefácio de Ts'ao Kung e uma biografia de Sun Tzu feita por *Shih chi*, ambas já traduzidas. Depois, em primeiro lugar, o *I shuo* de Cheng Yu-hsien, [39] com o prefácio do autor; em seguida, uma breve antologia histórica e informações bibliográficas intituladas *Sun Tzu hsu lu*, compiladas por Pi I-hsun. Em relação ao corpo da obra, cada frase é seguida por uma observação sobre o texto. Há vários comentários dispostos em ordem cronológica, e vamos discuti-los brevemente, um a um.

OS COMENTARISTAS

Sun Tzu pode vangloriar-se de uma longa lista de comentaristas, distinção que representa uma verdadeira honra a qualquer clássico. Ou-yang Hsiu destaca o fato, embora tenha feito a observação antes de a história se dar por completa. Ele explica corretamente que os artifícios de guerra são inesgotáveis, assim dão margem às mais variadas formas de tratamento.

1. Ts'ao Ts'ao ou Ts'ao Kung, depois conhecido como Wei Wu Ti (155–220 d.C.). É difícil duvidar que um comentário precoce sobre Sun Tzu tenha vindo desse homem extraordinário, cuja biografia no *San kuo chih* toma a forma de um romance. Trata-se de um dos maiores gênios já vistos no mundo. Napoleônico na escala de suas operações, sua fama se deu especialmente pela incrível rapidez de suas marchas — característica manifestada no verso "Fale sobre Ts'ao Ts'ao e Ts'ao Ts'ao aparecerá". Ou-yang Hsiu diz que ele era um grande comandante, que "media sua força contra Tung Cho, Lu Pu e os dois Yuan, pai e filho, e venceu todos; em consequência, dividiu o Império de Han com Wu e Shu, e tornou-se rei. Antes mesmo que Wei instalasse um conselho de guerra na véspera de uma campanha de longo alcance, consta que já havia calculado tudo de antemão. Os generais que usavam tais cálculos não perdiam uma única batalha; e aqueles que se opunham a qualquer detalhe viam seus exércitos fugindo completamente fora de controle". As observações de Ts'ao Kung sobre os modelos de austeras reduções de Sun Tzu são tão características do comandante carrancudo conhecido pela História, que é difícil concebê-los como obra de um mero LITERATO. Algumas vezes, de fato, devido à extrema pressão, tais modelos são praticamente incompreensíveis e necessitam tanto de explicação como o próprio texto original. [40]

2. Meng shih. Os comentários feitos por esse autor são comparativamente escassos, e nada se sabe sobre ele. Até mesmo seu nome pessoal não foi registrado. A edição de Chi T'ien-pao o situa após Chia Lin, e Ch'ao Kung-wu também o localiza na dinastia T'ang, [41] mas trata-se de um erro. No prefácio de Sun Hsing-yen, o

comentarista aparece como Meng Shih da dinastia Liang (502–557). Outros o identificam com Meng Kang, do século terceiro. Foi citado em uma obra como o último dos "cinco comentaristas", sendo os demais Wei Wu Ti, Tu Mu, Ch'en Hao e Chia Lin.

3. Li Ch'uan, século VIII, foi um renomado escritor especialista em táticas militares. Uma de suas obras até hoje é muito utilizada. O *T'ung chih* menciona que *Vidas de generais famosos de Chou até a dinastia T'ang* é uma obra de sua autoria. [42] De acordo com Ch'ao Kung-wu e o catálogo *T'ien-i-ko*, ele segue uma versão do texto de Sun Tzu que difere consideravelmente das existentes. Em geral, suas notas são curtas e pontuais. Ele ilustra suas observações com anedotas, ou breves narrativas da história chinesa.

4. Tu Yu (morto em 812) não publicou um comentário separado sobre Sun Tzu. Suas referências foram extraídas do *T'ung tien*, tratado enciclopédico da *Constituição*, a grande obra de sua vida. De forma geral, ele repete os comentários de Ts'ao Kung e Meng Shih. Acredita-se que ele se inspirou nos antigos comentários de Wang Ling, entre outros autores. Devido ao arranjo peculiar do T'ung tien, esse comentador teve de explicar o mérito de cada passagem para além do contexto. Contudo, às vezes suas explicações não se encaixam às de Ts'ao Kung, sempre citado por ele em primeiro lugar. Embora não seja considerado como um dos "dez comentaristas", foi incluído na lista por Chi T'ien-pao e erroneamente registrado após seu neto Tu Mu.

5. Tu Mu (803–852) é mais conhecido como poeta, um astro reluzente do período da gloriosa galáxia de T'ang. Sabemos que Ch'ao Kung-wu, embora não tivesse experiência prática sobre guerra, era muito apreciado por discutir o assunto. Sua obra foi muito difundida na história militar das eras Ch'un Ch'iu e Chan Kuo. Suas observações merecem especial atenção, pois são fecundas e repletas de paralelos históricos. Ele resume a essência da obra de Sun Tzu: "Pratique a benevolência e a justiça, mas, por outro lado, faça bom uso dos artifícios e meios de vantagem". Declarou que, se fossem analisados todos os triunfos e derrotas dos mil anos transcorridos após a morte de Sun Tzu, as máximas contidas em seu livro ainda seriam sustentadas e comprovadas. Uma acusação rancorosa de Tu Mu contra Ts'ao Kung já havia sido levantada em outro contexto.

6. Ch'en Hao aparece como contemporâneo de Tu Mu. Ch'ao Kung-wu diz que se sentiu motivado a fazer um novo comentário sobre Sun Tzu porque, por um lado, as explanações de Ts'ao Kung eram nebulosas e sutis; por outro, as de Tu Mu era prolixas e cansativas. Ou-yang Hsiu, escritor ativo na metade do século XI, ressalta que Ts'ao Kung, Tu Mu e Ch'en Hao são os três principais comentaristas da obra de Sun Tzu; também observa que Ch'en Hao está sempre atacando os defeitos de Tu Mu. Apesar do mérito, seus comentários são considerados inferiores aos de seus predecessores.

7. Sabe-se que Chia Lin viveu na dinastia T'ang, pois seu comentário sobre Sun Tzu é mencionado no livro *T'ang Shu*. É novamente publicado por Chi Hsieh, da mesma dinastia, junto aos comentários de Meng Shih e Tu Yu. De certa forma, suas observações são limitadas, tanto qualitativamente quanto do ponto de vista estrutural. É, provavelmente, o menos valioso dos onze comentadores.

8. Mei Yao-ch'en (1002–1060) é conhecido por seu "estilo", tal qual Mei Sheng-yu; e, assim como Tu Mu, foi um poeta de destaque. Seu comentário foi publicado com um elogioso prefácio do grande Ou-yang Hsiu, do qual extraímos:

> [Tempos depois, os acadêmicos interpretaram incorretamente Sun Tzu, alterando suas palavras e tentando alinhá-las às suas opiniões próprias e unilaterais. Assim, embora não haja falta de comentaristas, somente uns poucos são realmente confiáveis. Meu amigo Sheng-yu não caiu nesse erro. Ao tentar redigir um comentário crítico sobre a obra de Sun Tzu, ele não perde de vista o fato de que esses conselhos eram dirigidos aos estados engajados em guerras mortais. O autor não está preocupado com as condições militares vigentes sob a soberania das três dinastias antigas, [43] nem com as nove medidas punitivas prescritas pelo Ministério da Guerra. [44] Mais uma vez, Sun Wu apreciava a brevidade do seu estilo, mas os significados são sempre mais profundos. Seja a condução de um exército, a lida com os soldados, o estudo do inimigo ou o controle das forças da vitória, o assunto sempre é tratado de forma sistemática; os conselhos são inter-relacionados em estrita sequência lógica, mesmo que isso se tenha tornado

obscuro pela ação dos comentaristas, que provavelmente falharam na intepretação dos significados. Em seu próprio comentário, Mei Sheng-yu pôs de lado todos os preconceitos irredutíveis desses comentaristas, e tentou revelar a verdadeira lógica de Sun Tzu. Dessa forma, as nuvens confusas são dissipadas e seus conselhos ficam mais claros. Estou convencido de que a presente obra merece ser passada às próximas gerações junto aos três comentários principais. Ao estudar os conselhos, as gerações futuras terão razão suficiente para agradecer ao meu amigo Sheng-yu].

Deixando de lado a notável amistosidade contida no trecho, inclino-me a concordar com esse julgamento favorável e, por mérito, trazê-lo acima de Ch'en Hao.

9. Wang Hsi, igualmente da dinastia Sung, é original em algumas de suas interpretações, mas bem menos sensato do que Mei Yao-ch'en. No geral, não é um guia confiável. Ele gosta de comparar seu próprio comentário ao de Ts'ao Kung, mas a analogia nem sempre lhe é elogiosa. Sabemos por Ch'ao Kung-wu que Wang Hsi, preenchendo lacunas e corrigindo erros, revisou por completo o texto antigo de Sun Tzu. [45]

10. Ho Yen-hsi, da dinastia Sung. O nome pessoal desse comentarista é mencionado assim por Cheng Ch'iao no livro *Tung chih*, escrito em meados do século XII. Mas ele aparece apenas como Ho Shih no *Yu hai*, e Ma Tuan-lin cita Ch'ao Kung-wu, cujo nome pessoal é desconhecido. Parece não haver motivo para duvidar da declaração de Cheng Ch'iao, ou eu teria arriscado um palpite e o identificaria com um Ho Ch'u-fei, que viveu no final do século XI e escreveu um pequeno tratado sobre guerra. Nas palavras do catálogo *T'ien-i-ko*, o comentário de Ho Shih "contém acréscimos úteis" aqui e acolá, mas se destaca principalmente em razão dos abundantes trechos retirados da versão adaptada, histórias das dinastias, entre outras fontes.

11. Chang Yu. A lista termina com um comentarista talvez não muito original, mas talentoso e com habilidades admiráveis para fazer exposições claras. Seus comentários são fundamentados pelos de Ts'ao Kung, cujas frases sucintas ele consegue expandir e desenvolver

com maestria. Sem Chang Yu, é seguro dizer que grande parte dos comentários de Ts'ao Kung teria ficado encoberta na obscuridade do original; portanto, sem qualquer valor. Sua obra não é mencionada na história de Sung, no *T'ung k'ao* ou no *Yu hai*, mas encontra um nicho no *T'ung chih*, que também o denomina autor de *Lives of Famous Generals* (*Vidas dos Famosos Generais*. [46] É especialmente notável que os quatro últimos citados devam ter obtido sucesso em um curto espaço de tempo. Ch'ao Kung-wu comenta a respeito ao dizer: "Durante os primeiros anos da dinastia Sung, o Império gozava um longo período de paz, e os homens pararam de praticar a Arte da Guerra. Porém, quando veio a rebelião de Chao Yuan-hao (1038–1042), e os generais nas fronteiras foram sucessivamente derrotados, a Corte fez uma investigação cuidadosa para encontrar homens com habilidades bélicas, e os assuntos militares ganharam popularidade em meio às grandes autoridades. Por conseguinte, os comentaristas de Sun Tzu da nossa dinastia pertenciam a esse período específico". [47]

Além dos onze comentaristas, há muitos outros cujos trabalhos não chegaram ao nosso conhecimento. O *Sui shu* menciona quatro, entre eles: Wang Ling (citado com frequência por Tu Yu como Wang Tzu); Chang Tzu-shang; Chia Hsu, de Wei; [48] e Shen Yu, de Wu. O *Tang shu* acrescenta Sun Hao; o *T'ung chih* traz Hsiao Chi, enquanto o *T'u shu* menciona um comentarista Ming, Huang Jun-yu. É possível que alguns deles tenham sido coletores e editores de outros comentaristas, como Chi T'ien-pao e Chi Hsieh, mencionados anteriormente.

AVALIAÇÕES DE SUN TZU

Sun Tzu exerce grande fascínio como um dos maiores homens da China. Entre os famosos generais conhecidos por terem estudado sua obra com entusiasmo, podemos encontrar: Han Hsin (morto em 196 a.C.), [49] Feng I (morto em 34 d.C.), [50] Lu Meng (morto em 219), [51] e Yo Fei (1103–1141). [52] A opinião de Ts'ao Kung, que disputa com Han Hsin o mais alto lugar nos anais militares da

China, já foi citada. [53] Por um lado, é ainda mais extraordinário o testemunho de homens genuinamente apreciadores de literatura, como Su Hsun (o pai de Su Tung-p'o), que escreveu vários ensaios sobre assuntos militares, todos inspirados em Sun Tzu. O pequeno trecho que segue está preservado no *Yu hai*: [54]

> [O que diz Sun Wu, que na guerra não se pode ter certeza da conquista, [55] é bem diferente do que outros livros nos contam. [56] Wu Ch'i era um homem com as mesmas características de Sun Wu: ambos escreveram livros sobre guerra e estão ligados na fala popular como "Sun e Wu". Todavia, as observações de Wu Ch'i sobre a guerra são menos convincentes. Suas regras são duras e expressas de forma mais crua, e não há o mesmo plano de unidade como na obra de Sun Tzu, na qual o estilo é sucinto e o significado é bem claro].

Segue um trecho de *Impartial Judgments in the Garden of Literature* (*Críticas imparciais no Jardim da Literatura*) de Cheng Hou:

> [Os 13 capítulos de Sun Tzu não são apenas os fundamentos de todo o treinamento dos militares, mas também instigam a atenção apurada de sábios e de homens de letras. Suas lições são, ao mesmo tempo, sucintas e elegantes, simples e profundas, claras e eminentemente práticas. Obras como o *Lun yu*, o *I Ching* e *The Great Commentary*" (*O grande comentário*), [57] assim como os escritos de Mêncio, Hsun K'uang e Yang Chu — tudo é inferior ao nível de Sun Tzu].

Chu Hsi, observando esse aspecto, admite por completo a primeira parte do comentário, embora não goste da comparação audaciosa com obras clássicas veneradas. Segundo suas palavras, esse tipo de linguagem "encoraja a propensão do administrador em relação à guerra e ao militarismo incauto".

JUSTIFICATIVAS PARA A GUERRA

Acostumados a pensar na China como a nação mais pacífica do planeta, corremos o risco de esquecer de sua vasta e incomparável experiência em todas as fases de uma guerra. Os longos anais da história militar chinesa nos remetem a um ponto longínquo, perdido nas brumas do tempo. Séculos antes de o primeiro legionário romano ser visto no Danúbio, a China já havia construído a Grande Muralha e mantinha um enorme exército ao longo de suas fronteiras. Tendo em vista os eternos antagonismos entre os antigos Estados feudais, os horríveis conflitos com os hunos, invasores turcos e de outras nacionalidades após a centralização do governo, as revoltas terríveis que acompanharam a queda de tantas dinastias, além das incontáveis rebeliões e perturbações menores que eclodiram e foram derrotadas uma a uma, não é exagerado dizer que os conflitos armados nunca cessaram por completo no Império.

Também é historicamente notável a sucessão de comandantes ilustres que a China pode apontar com orgulho. Como sempre acontece, os maiores países gostam de mostrar que superaram as piores crises de sua história. Assim, Po Ch'i se sobressai no período no qual a dinastia Ch'in estava entrando em luta final contra os Estados independentes que ainda restavam. Já os anos tempestuosos após o término da dinastia Ch'in foram iluminados com o gênio elevado de Han Hsin. Quando a Casa de Han, por sua vez, estava prestes a cair, a figura grande e má de Ts'ao Ts'ao dominou o cenário. Na institucionalização da dinastia T'ang, uma das tarefas mais poderosas já executadas por um homem, a energia sobre-humana de Li Shih-min (posteriormente o Imperador T'ai Tsung) foi secundada pela estratégia brilhante de Li Ching. Nenhum desses generais precisava temer comparações com os maiores nomes da história militar europeia.

Apesar de tudo isso, a tendência geral do pensamento chinês, de Lao Tzu para baixo, refletida de maneira especial no padrão literário do confucionismo, é profundamente pacífica e intensamente oposta a qualquer forma de militarismo. De início, é tão incomum achar qualquer homem letrado defendendo a guerra por princípio, que chego a pensar que vale a pena colecionar e traduzir algumas passagens nas quais a visão não convencional é sustentada. O trecho a seguir, de Ssu-ma Ch'ien, mostra que Sun Tzu, mesmo admirando Confúcio, não era um defensor da paz a qualquer custo:

[As armas militares são os meios utilizados pelo sábio para punir a violência e a crueldade, estabelecer a paz em tempos conturbados, remover as dificuldades e os perigos, para socorrer os que estiverem em situação de risco. Todos os animais com sangue nas veias e chifres na cabeça lutam sempre que atacados. Muito mais faz o homem, que carrega no peito as faculdades de amor e ódio, alegria e raiva. Quando o homem está satisfeito, um sentimento de afeto brota dentro dele; na raiva, seu veneno começa a agir. Essa é a lei natural que governa o seu ser. O que dizer dos sábios da nossa época, cegos em relação a todas essas grandes questões e sem qualquer apreço a valores relativos, que podem apenas apregoar suas velhas fórmulas sobre "virtude" e "civilização", condenando o uso de armas militares? Com certeza, eles levarão o nosso país à impotência, à desonra e à perda de sua justa herança; ou, no mínimo, à invasão e à rebelião, ao sacrifício do território e ao enfraquecimento geral. Entretanto, são teimosos e se recusam a mudar de ideia. A verdade é que, assim como o professor se intromete na família, as punições não podem ser disseminadas pelo Estado. Nunca se pode permitir que os severos castigos militares caiam em desuso no Império. Tudo que pode ser dito é que esse poder será exercido de forma sábia ou tola; e, entre os que usam armas, alguns serão leais e outros rebelados]. [58]

O próximo trecho é retirado do prefácio escrito por Tu Mu. Ele assim falou sobre Sun Tzu:

[A guerra pode ser definida como uma punição, que é uma das funções do governo. Era também o ofício de Chung Yu e Jan Ch'iu, ambos discípulos de Confúcio. Atualmente, os julgamentos, litígios ou a detenção de criminosos e sua execução por açoitamento em público, são conduzidos pelas autoridades. Contudo, o manejo de grandes exércitos, a tomada de cidades fortificadas, o sequestro de mulheres e crianças e a decapitação de traidores também são realizados pelas autoridades. Os objetos de tortura e as armas militares são essencialmente iguais. Não há uma diferença intrínseca entre o castigo por açoitamento e a degola de cabeças na guerra. Para as menores infrações da lei, que são facilmente administráveis, é preciso apenas um pouco de força: a partir daí, são usadas as armas militares e a decapitação em grandes quantidades. Nos dois casos, no entanto, a finalidade é livrar-se das pessoas más e trazer conforto e alívio às boas].

Chi-sun indagou Jan Yu, dizendo: "O senhor adquiriu aptidão militar pelos estudos, ou ela é inata?". Jan Yu respondeu: "Eu a adquiri estudando". [59] "Como é que pode ser assim", continuou Chi-sun, "sabendo-se que o senhor é discípulo de Confúcio?". "Na verdade", retrucou Jan Yu, "ela me foi ensinada pelo próprio. É compreensível que o grande sábio se exercitasse tanto na função civil quanto na militar, embora eu esteja certo de que meu aprendizado na arte de lutar ainda não tenha ido tão longe".

Agora, quem era o autor da rígida distinção entre "civil" e "militar", e da limitação de cada para uma esfera de ação isolada, ou em qual ano de qual dinastia isso foi introduzido, é mais do que posso contar. De qualquer forma, os membros da classe governante geralmente têm receio de expandir os tópicos militares, ou fazem isso somente de forma modesta. Se alguns forem corajosos o bastante para discutir o assunto, são imediatamente tachados de excêntricos com inclinações toscas. Esse é um exemplo extraordinário no qual, por absoluta falta de raciocínio, os homens, infelizmente, perdem o contato com os princípios básicos.

Quando o Duque de Chou era ministro no reinado de Ch'eng Wang, regulamentava as cerimônias e compunha música, além de venerar as artes da sabedoria e do aprendizado; no entanto, quando os bárbaros do rio Huai se revoltaram, [60] ele saiu em expedição e os puniu. Quando Confúcio trabalhou para o Duque de Lu, e houve uma assembleia em Chia-ku, [61] ele disse: "Se as negociações pacíficas estão avançadas, os preparativos para a guerra deveriam ter sido feitos antes". Ele censurou e envergonhou o Marquês de Ch'i, que estava encolhido de medo e não ousava continuar a violência. Como se pode dizer que esses dois grandes sábios desconheciam as questões militares?

Vemos que o grande Chu Hsi tinha muito apreço por Sun Tzu. Ele também recorre à autoridade dos clássicos:

[Nosso Mestre Confúcio, em resposta ao Duque Ling de Wei, disse: "Estudei questões referentes aos exércitos e os batalhões." [62] Respondendo a K'ung Wen-tzu, afirmou: "Não fui instruído quanto aos uniformes e às armas". Contudo, se levarmos em conta a assembleia em Chia-ku, vamos ver que ele usava a força armada contra os homens de Lai, de forma que o Marquês de Ch'i ficou intimidado. Novamente, quando os habitantes de Pi se revoltaram, os oficiais receberam ordem para atacá-los; assim, eles foram derrotados e fugiram no meio do tumulto. Ele, de imediato, pronunciou as seguintes palavras: "Se eu lutar, vou vencer". [63] E Jan Yu disse também: "O sábio exercita tanto as funções civis quanto as militares". [64] Será verdade que Confúcio nunca estudou ou recebeu treinamento na arte da guerra? Só podemos dizer que ele não escolheu qualquer questão referente a exércitos e lutas como assunto de seus ensinamentos].

Sun Hsing-yen, editor de Sun Tzu, escreve de forma semelhante:

[Confúcio diz: "Não sou versado em assuntos militares". [65] Disse também: "Se eu lutar, vou vencer". Confúcio comandou cerimônias e músicas regulares. Hoje a guerra constitui uma das cinco classes cerimoniais do Estado, [66] e não deve ser tratada como um assunto de estudo independente. Por conseguinte, as palavras "não sou versado" talvez queiram dizer que há coisas que nem mesmo um professor inspirado sabe. Todos aqueles cujas funções incluam liderança de exércitos e planejamento de estratégias devem aprender a arte da guerra. Mas se alguém puder contar com os serviços de um bom general como Sun Tzu, que trabalhava para Wu Tzu-hsu, não há necessidade de aprendê-la. Daí a observação de Confúcio: "Se eu lutar, vou vencer"].

Os homens da atualidade, no entanto, teimam em interpretar as palavras de Confúcio com sentido mais limitado, como se ele quisesse dizer que não vale a pena ler livros sobre a arte da guerra. Com persistente cegueira, eles oferecem o exemplo de Chao Kua, que se aprofundava nos livros de seu pai sem propósito algum, [67] como prova de que todas as teorias militares são inúteis. Mais uma vez, vendo que os livros de guerra têm a ver com assuntos como o oportunismo no planejamento e a conversão dos espiões, classificam tal arte como imoral e insignificante para um sábio. Essas pessoas ignoram o fato de que os estudos dos nossos acadêmicos e a administração civil de nossas autoridades também demandam sólida aplicação e prática até alcançarem a eficiência. Os antigos tinham cautela especial quanto a permitir que simples novatos danificassem suas obras. [68] As armas são destrutivas [69] e a luta é perigosa; tudo é inútil, a menos que um general atualizado esteja no comando, pois ele não arrisca a vida de outros homens nas batalhas. [70] Desse modo, é essencial que os treze capítulos de Sun Tzu sejam estudados.

Hsiang Liang costumava ensinar a arte da guerra a seu sobrinho Chi. [71] Chi tinha uma ideia grosseira sobre essa arte, mas não perseverou nos estudos, e, em consequência, foi derrotado e destituído. Ele não percebeu que os truques e artifícios da guerra vão além dos cálculos verbais. O Duque Hsiang de Sung e o Rei Yen de Hsu foram destruídos por sua compaixão inapropriada. A natureza traiçoeira e oculta da guerra demanda o uso de trapaças e estratagemas apropriados para a ocasião. Há um caso nos registros sobre o próprio Confúcio, em que ele teria violado um juramento, [72] e também fugido disfarçado do Estado de Sun. [73] Podemos, então, acusar Sun Tzu, de forma imprudente, por negligenciar a verdade e a honestidade?

A ARTE DA GUERRA

I. PLANEJAMENTO

[Ts'ao Kung, ao definir o significado do título deste capítulo no idioma chinês, nota que "planejamento" são deliberações que ocorrem em uma tenda ou templo escolhido temporariamente pelo general. Veja § 26.]

1. Sun Tzu disse: A Arte da Guerra é de vital importância para o Estado.

2. Trata-se de uma questão de vida ou morte, de um caminho que leva à salvação ou à destruição. Assim, é um assunto que não deve ser negligenciado.

3. A Arte da Guerra é governada por cinco fatores constantes que devem ser levados em consideração durante as deliberações; ou seja, quando se procura antecipar situações que irão ocorrer no campo de batalha.

4. São eles: (1) Doutrina; (2) Céu; (3) Terra; (4) o comandante; (5) Método e disciplina.

[Sun Tzu parece dizer que "Doutrina" significa um princípio de harmonia, relacionado aos aspectos morais, tal qual menciona Tao de Lao Tzu. Poderíamos tentar interpretá-la como "moral", se ela já não tivesse sido considerada um atributo do comandante no § 13.]

5, 6. A DOUTRINA faz que os soldados fiquem de pleno acordo com seu comandante, e assim o seguem sem se importar com sua própria vida, correndo os riscos que forem necessários.

[Tu Yu cita Wang Tzu dizendo: "Sem uma prática constante, os oficiais ficarão nervosos e indecisos ao se prepararem para a batalha; sem uma prática constante, o general hesitará diante das dificuldades".]

7. O CÉU representa a noite e o dia, o frio e o calor, o tempo e as diferentes estações do ano.

[Na minha opinião, aqui os comentaristas fazem uma interpretação incorreta de duas palavras. Meng Shih refere-se a "duro e macio, crescente e minguante" do Céu. Porém, Wang Hsi pode estar certo ao dizer que tudo isso significa "a organização universal do Céu", incluindo os cinco elementos, as quatro estações, o vento e as nuvens, e outros fenômenos da natureza.]

8. A TERRA compreende as distâncias grandes ou pequenas; perigosas ou seguras; campos amplos ou estreitos e as chances de vida ou morte.

9. O COMANDANTE representa as virtude da sabedoria, sinceridade, benevolência, coragem e severidade.

[As cinco virtudes principais dos chineses são: (1) Humanidade ou Benevolência; (2) Serenidade; (3) Dignidade, Autocontrole ou "Sentimento apropriado"; (4) Sabedoria; (5) Sinceridade ou Boa intenção. Aqui, "sabedoria" e "sinceridade" são consideradas antes de "humanidade ou benevolência", e as duas virtudes militares "coragem" e "rigor" são substituídas por "serenidade" e "dignidade, autocontrole ou sentimento apropriado".]

10. O MÉTODO e a DISCIPLINA devem ser entendidos como a organização do exército e suas subdivisões, as diferentes

graduações de níveis entre os oficiais, a manutenção das estradas pelas quais suprimentos possam chegar ao exército, e o controle dos gastos militares.

11. Essas cinco premissas devem ser familiares a qualquer general; aquele que as conhece será vitorioso e nunca será derrotado.

12. Contudo, durante a deliberação, ou determinação das condições militares favoráveis, tais premissas devem ser aplicadas com moderação, em consonância com sete questionamentos:

13. (1) Qual dos dois soberanos possui o dom da Doutrina?

[Ou seja, "está em harmonia com seus comandados". Veja § 5.]

(2) Qual dos dois generais é mais hábil?

(3) "Com quem estão as vantagens oriundas do Céu e da Terra?"

[Veja § 7, 8.]

(4) De que lado há uma disciplina mais rígida?

[Tu Mu faz referência à notável história de Ts'ao Ts'ao (155–220 d.C.) um disciplinador tão rigoroso que, seguindo seus próprios e severos regulamentos contra estrago de plantações, condenou-se à morte por ter permitido que seu cavalo entrasse em uma plantação de milho! Entretanto, em vez de perder a cabeça, foi persuadido a cortar seu cabelo, para satisfazer seu senso de justiça. "Quando estabelecer uma lei, faça que ela não seja desobedecida; se for, o infrator deve pagar com a vida", comentou brevemente Ts'ao Ts'ao sobre a passagem.]

(5) Qual exército é o mais forte?

[Tanto moralmente quanto fisicamente. Nas palavras de Mei Yao-ch'en, é o que possui "espírito de equipe e grandes batalhões", em tradução livre.]

(6) De que lado há oficiais e soldados mais bem treinados?

[Tu Yu cita Wang Tzu: "Sem uma prática constante, os oficiais ficarão nervosos e indecisos ao se prepararem para a batalha; sem uma prática constante, o general hesitará diante das dificuldades".]

(7) Qual exército possui mais constância em termos de recompensa e punição?

[De que lado há a mais absoluta certeza de que o mérito será propriamente recompensado e a desobediência será severamente punida?]

14. Ao levar essas sete questões em consideração, podemos prever a vitória ou a derrota.

15. O general que seguir os meus conselhos vencerá; portanto, deve ser mantido no comando! O general que não seguir meus conselhos será derrotado e deve ser exonerado!

[Esse parágrafo nos faz lembrar que o tratado de Tzu foi escrito exclusivamente em benefício de seu soberano Ho Lu, Rei do Estado de Wu.]

16. Ao ponderar meus conselhos, o general deve criar uma situação favorável acima das regras comuns.

17. O planejamento deve ser modificado de acordo com as circunstâncias.

[Sendo ele um soldado prático, Sun Tzu não faz uso da linguagem puramente teórica. Ele nos alerta a não confiarmos cegamente em princípios abstratos. Para Chang Yu, "enquanto as principais leis de estratégia podem ser claramente determinadas para o benefício de todos, devemos nos guiar pelas ações do inimigo para assegurar uma posição favorável durante a guerra". No dia anterior à batalha de Waterloo, o comandante da Cavalaria, *Lord* Uxbridge, procurou o Duque de Wellington para descobrir quais eram seus planos e cálculos para o dia seguinte; pois, de forma inesperada, poderia tornar-se o chefe do comando e não seria capaz de formular novos planos durante um momento crítico. O duque ouviu atentamente e depois disse: Quem será o primeiro a atacar amanhã — eu ou Bonaparte?". "Bonaparte", respondeu *Lord* Uxbridge. "Bem", continuou o duque, "ainda não sei os os planos de Bonaparte; e como meus planos dependem dos dele, como poderia contar-lhe os meus?"] [1]

18. A Arte da Guerra é baseada na dissimulação.

[Incisiva e profunda, a verdade da afirmação é aceita por qualquer soldado. O Coronel Henderson conta que Wellington, que possuía inúmeras qualidades militares, era reconhecido principalmente por sua "extraordinária capacidade de ocultar seus movimentos para enganar tanto amigos quanto inimigos".]

19. Assim, quando capazes de atacar, devemos nos mostrar incapazes. Ao usar nossas forças, devemos aparentar inatividade; quando estamos próximos, devemos fazer que o inimigo acredite que estamos distantes; quando estamos longe, devemos fazer que acredite que estamos perto.

20. Use iscas para atrair o inimigo. Simule um tumulto e acabe com ele.

[Todos os comentaristas, com exceção de Chang Yu, dizem: "quando ele estiver desorganizado, destrua-o". É natural supormos que Sun Tzu continua a ilustrar os usos da dissimulação na guerra.]

21. Se ele estiver totalmente seguro, esteja preparado. Se ele possuir força superior, evite-o.

22. Se seu oponente possui um temperamento colérico, procure irritá-lo. Simule fraqueza para que ele aja com arrogância.

[Wang Tzu, citado por Tu Yu, diz que um bom estrategista brinca com seu inimigo como um gato brinca com o rato; primeiro mostre fraqueza e imobilidade, depois ataque-o repentinamente.]

23. Se ele estiver à vontade, deixe-o cansado.

[Este é, de fato, o provável significado, também interpretado por Mei Yao-ch'en: "enquanto descansamos, esperamos que o inimigo se canse". No *Yu lan,* encontramos "atraia o inimigo e faça-o cansar".]

Se as forças do inimigo estiverem unidas, separe-as.

[A interpretação mais usada pela maioria dos comentaristas soa menos razoável: "Se soberano e súdito estão em harmonia, plante a discórdia entre eles".]

24. Ataque-o quando estiver despreparado, apareça quando não estiver sendo esperado.

25. Essas estratégias militares são o caminho para a vitória e não devem ser divulgadas com antecedência.

26. O general que venceu uma batalha fez muitos cálculos em seu templo antes de travá-la.

[Chang Yu diz que na Antiguidade era comum a reserva de um templo a um general que estivesse preparando-se para o combate, para que ele pudesse planejar sua campanha.]

O general que perde uma batalha fez poucos cálculos de antemão. Do mesmo modo, muitos cálculos levam à vitória; poucos, à derrota. Pela atenção prestada a esse ponto, podemos prever a probabilidade de ganhar ou perder.

[1] Aqui citado *Words on Wellington* (*Sobre Wellington*, tradução livre), livro de Sir William Augustus Fraser.

II. TRAVANDO UMA GUERRA

[Ts'ao Kung observa: "Aquele que deseja lutar deve, em primeiro lugar, avaliar os custos". A máxima nos leva à descoberta de que o assunto do capítulo não é o que imaginamos a partir do título, mas a essência de uma reflexão sobre caminhos e meios.]

1. Sun Tzu disse: Nas campanhas de guerra com cerca de mil carros de guerra rápidos, dez mil pesados, e cem mil soldados usando armaduras,

[Os "carros rápidos", ou carroças, eram construídos com materiais leves e, de acordo com Chang Yu, usados para atacar; já os "carros pesados" eram de material pesado e projetados para a defesa. Na verdade, Li Ch'uan diz que os pesados eram leves, mas isso parece pouco provável. É interessante notar as analogias entre as guerras da China antiga e as guerras homéricas dos gregos. Em cada caso, a carroça de guerra era um fator importante, que funcionava como um núcleo em torno do qual se agrupava um certo número de soldados de infantaria. Com respeito aos números informados aqui, sabemos que cada carroça leve era acompanhada por 75 soldados de infantaria; e cada pesada, por 25, de modo que um exército inteiro era dividido em mil batalhões, cada um com duas carroças e cem homens.]

com provisões suficientes para transportá-los 500 km,

[A distância pode ter variado desde a época de Sun Tzu.]

as despesas em casa (no território) e no fronte de guerra, incluindo a diversão dos convidados, itens menores como cola e tinta, além de importâncias gastas com carroças e armaduras, atingirão o total de mil onças de prata por dia. Tal é o preço de se criar um exército com 100 mil homens.

2. Quando você entra em uma verdadeira guerra e a vitória custa a chegar, as armas dos soldados perdem o corte e o entusiasmo deles enfraquece. Nessas condições, sitiar uma cidade o deixará exaurido.

3. De novo, se a campanha se alongar, os recursos oriundos do Estado já não serão equiparáveis à tensão gerada.

4. Agora, quando suas armas perdem o corte e o entusiasmo é mínimo, ou você está esgotado e com poucos fundos, outro líder aparecerá e se aproveitará de suas carências. E aí, nenhum homem, por mais sábio que seja, conseguirá evitar as futuras consequências.

5. Embora conheçamos casos estúpidos de precipitação na guerra, não há astúcia associada a longas demoras.

[Concisa e difícil, essa frase não é bem explicada em nenhum comentário. Ts'ao Kung, Li Ch'uan, Meng Shih, Tu Yu, Tu Mu e Mei Yao-ch'en observam que um general, por mais estúpido que seja, pode, no entanto, vencer por força da rapidez. Diz Ho Shih: "A pressa pode ser burra, mas, de qualquer forma, ela poupa gastos de energia e finanças; as campanhas prolongadas podem ser muito inteligentes, mas causam calamidade na sequência". Já Wang Hsi se esquiva da dificuldade: "Operações prolongadas fazem que um exército envelheça, que a riqueza seja gasta, que o erário fique vazio e que o perigo ronde o povo; a verdadeira inteligência é uma garantia contra a ocorrência de tais calamidades". Chang Yu afirma: "Contanto que a vitória seja alcançada, a pressa se justifica, em vez de lentidões engenhosas". Sun Tzu nada afirma a respeito, exceto sobre as implicações; ele fala que é preferível a pressa imponderada às campanhas longas e engenhosas. Na verdade, ele diz algo muito mais cauteloso, especialmente que a rapidez às vezes não é inteligente, pois pode levar ao empobrecimento da nação; enquanto a morosidade pode ser tudo, exceto imprudente. Ao considerar a questão aqui levantada por Sun Tzu, somos levados ao exemplo clássico de Quinto Fábio Máximo.[1] Determinado, esse general calculou a tolerância de Roma contra o exército isolado de Aníbal, porque lhe parecia que tal exército tinha mais possibilidades de sofrer com uma longa campanha em um território estrangeiro. Contudo, trata-se de uma questão controversa: a longo prazo, suas táticas ter-se-iam provado vitoriosas? Sua reversão, é verdade, o levou à Batalha de Canas; mas isso é apenas uma suposição negativa.]

6. Não há, na história, instância em que um país se tenha beneficiado com uma guerra prolongada.

7. Só quem conhece os horrores da guerra pode compreender integralmente as vantagens de levá-la adiante.

[Ou seja, com rapidez. Somente quem conhece os efeitos desastrosos de uma guerra longa pode perceber a suprema importância da rapidez para levá-la a um fim. Apenas dois comentaristas parecem concordar com essa interpretação, que se encaixa na lógica do contexto, ao passo que a tradução "Aquele que não conhece os horrores da guerra não consegue apreciar seus benefícios" não tem sentido.]

8. O general habilidoso não faz um segundo recrutamento nem carrega mais de duas vezes seus vagões de suprimentos.

[Uma vez declarada a guerra, ele não perderá seu precioso tempo à espera de reforços nem mandará seu exército de volta em busca

---

[1] O político e militar era conhecido pela alcunha "Cunctator", que em latim significa "o que adia".

de suprimentos frescos, mas cruzará a fronteira do inimigo sem demora. Isso pode parecer uma política audaciosa, mas com todos os grandes estrategistas, de Júlio César a Napoleão Bonaparte, o fator tempo — ou seja, estar ligeiramente adiante do inimigo — contou mais do que a superioridade numérica ou as melhores estimativas em relação ao fornecimento de suprimentos.]

9. Traga os suprimentos para a guerra desde o seu território, mas também tente roubar os do inimigo. Assim, o exército terá alimentos suficientes para suas necessidades.

[A locução chinesa traduzida aqui como "suprimentos para a guerra" literalmente quer dizer "coisas a serem usadas", e o significado é abrangente. Tal locução inclui toda a bagagem militar, sem considerar as provisões.]

10. A pobreza do erário do Estado obriga um exército a ser mantido por contribuições vindas de longe. Contribuições a distância acarretam o empobrecimento do povo.

[O início da frase não está em harmonia com a seguinte, embora, obviamente, a harmonia tenha sido sua intenção. Ademais, sua estrutura é tão estranha que só posso suspeitar de algum tipo de adulteração textual. Parece nunca ocorrer aos comentaristas chineses que uma correção pode ser necessária em prol do sentido; logo, eles não nos ajudam a esse respeito. As palavras chinesas que Sun Tzu usou para indicar a causa do empobrecimento do povo faz clara referência a algum sistema no qual lavradores enviavam suprimentos de milho diretamente para o exército. No entanto, por que justamente eles, os lavradores, tinham de manter um exército dessa forma, não estivesse o Estado ou governo deveras pobre para fazê-lo?]

11. Por outro lado, a proximidade de um exército provoca o aumento dos preços e preços altos provocam o esgotamento dos recursos do povo.

[Wang Hsi acrescenta que o aumento dos preços acontece antes mesmo de o exército sair de seu próprio território. Ts'ao Kung fala o mesmo, com apenas uma diferença: o aumento dos preços ocorre depois de o exército ter deixado suas fronteiras.]

12. Quando esgotados os recursos, os camponeses ficam aflitos; lhes é retirado à força.

13, 14. Sem recursos e sem forças, os lares sofrerão falta de tudo, e o decréscimo da renda do povo será de três décimos;

[Tu Mu e Wang Hsi concordam que a perda da renda do povo não é de 3/10, mas de 7/10. No entanto, não devemos extrair tal informação do texto. Ho Shih usa uma expressão característica: "Sendo o povo considerado parte essencial do Estado, e o alimento, uma necessidade do povo, não é certo que as autoridades valorizem e se importem com ambos?".]

enquanto as despesas do governo com carros quebrados, cavalos velhos, armaduras para a região frontal do corpo e elmos, arcos e flechas, lanças e escudos, túnicas para proteção exterior, bois de tração e carroças pesadas podem chegar a quatro décimos de sua receita total.

15. Um general sábio faz questão de saquear as provisões do inimigo. As provisões de um carro carregado do inimigo equivalem a vinte carros seus. Igualmente, um único *picul* (antiga medida chinesa equivalente a aproximadamente 65,5 kg) de alimento para os animais equivale a vinte de suas próprias reservas.

[Isso porque os alimentos contidos em vinte carros serão consumidos durante o processo do transporte de um único carro para o fronte.]

16. Para matar o inimigo, deve-se despertar a ira dos soldados, dizendo-lhes que serão recompensados após a derrota.

[Tu Mu afirma: "As recompensas são necessárias para que os soldados vejam a vantagem de derrotar o inimigo; portanto, quando você saqueia o inimigo, o saque deve ser usado como recompensa, de forma que todos os seus homens estejam estimulados a lutar, cada qual por iniciativa própria".]

17. Na luta com o uso de carros de guerra, quando dez ou mais deles são tomados, os homens que confiscaram o primeiro devem ser recompensados. Nossas bandeiras devem substituir as do inimigo, e os carros tomados devem ser mesclados e usados junto com os nossos. Os soldados capturados devem ser bem tratados.

18. Chamamos isso de uso do inimigo capturado para aumentar nossa própria força.

19. Na guerra, portanto, que seu grande objetivo seja a vitória e não campanhas prolongadas.

[Como ressalta Ho Shih: "A guerra não foi feita para brincar". Aqui, Sun Tzu reitera a principal lição de incentivo deste capítulo.]

20. Assim, deve-se levar em conta que o líder de um exército é quem julga o destino de seu povo, o homem de quem depende o estado de paz ou de perigo de uma nação.

III. ARTIFÍCIOS DA GUERRA

1. Sun Tzu disse: Na Arte da Guerra, a melhor prática é tomar o território do inimigo sem destruí-lo; destruição não é uma boa opção. É melhor capturar um exército, regimento, pelotão ou uma companhia, a destruir.

[O equivalente a um contingente, de acordo com Ssu-ma Fa, era normalmente composto por 12.500 homens. De acordo com Ts'ao Kung, o equivalente a um regimento consistia em 500 homens; um pelotão, 100 a 500 homens; e uma companhia, de 5 a 100 homens. Entretanto, para os dois últimos, Chang Yu aponta exatamente 100 e 5 homens, respectivamente.]

2. Lutar e conquistar todas as batalhas não significa a excelência suprema, que é minar a resistência do inimigo sem lutar.

[Novamente, nenhum estrategista moderno aprovaria as palavras do idoso general chinês. O grande triunfo de Moltke — a rendição do imenso exército francês em Sedan — foi conquistado praticamente sem derramamento de sangue.]

3. A estratégia militar mais efetiva é frustrar os planos do inimigo;

[Talvez a palavra "frustrar" não seja suficiente para expressar por completo o significado do original em chinês, que não representa uma atitude defensiva (por meio da qual seja possível encontrar conforto em frustrar cada um dos artifícios do inimigo), mas uma política eficaz de contra-ataque. Ho Shih descreve com clareza: "Quando o inimigo elabora um plano de ataque contra nós, devemos antecipar-nos e atacar primeiro".]

em seguida, precisamos impedir a união de suas forças;

[Ou seja, isolando-o de seus aliados. Não devemos esquecer que, quando o assunto é hostilidade, Sun Tzu tem sempre em mente os numerosos Estados ou Municípios nos quais a China de sua época encontrava-se dividida.]

por último, atacar seu exército no campo de batalha;

[Quando está com força máxima.]

a pior política é cercar cidades fortificadas.

4. Quando possível, evitar sitiar cidades fortificadas.

[Essa é outra teoria militar sensata. Se os bôeres a tivessem seguido em 1899, teriam poupado sua energia antes de Kimberley, de Mafeking ou mesmo de Ladysmith, e provavelmente teriam vencido antes que os britânicos reagissem com eficiência.]

A preparação de protetores, coberturas móveis e outros acessórios de guerra pode demorar até três meses;

[Não está bem claro o que a palavra chinesa, aqui traduzida como "protetor", descreve. Ts'ao Kung simplesmente define protetores como "escudos largos"; mas uma descrição ainda melhor é fornecida por Li Ch'uan, que explica que eles são usados para proteger a cabeça dos soldados que atacam as muralhas das cidades. Parecem ser semelhantes a um tipo de *testudo* romano. Tu Mu diz que eram veículos com rodas, usados para repelir ataques; mas isso é desmentido por Ch'en Hao. [Veja o capítulo II.] O nome também é aplicado a pequenas torres que ficam nas muralhas da cidade. Sobre as "coberturas móveis", temos descrições bem claras de vários críticos. Eram estruturas de madeira com quatro rodas — acionadas por dentro e cobertas com peles de animais — que protegiam os soldados para que eles pudessem encher com terra os fossos que circundavam as muralhas. Tu Mu acrescenta que essas estruturas são chamadas de "burros de madeira".]

e formar uma elevação junto às muralhas pode levar muito mais tempo.

[Essas eram grandes elevações ou rampas de terra criadas para alcançar o nível das muralhas do inimigo. Permitiam a descoberta de pontos de defesa fracos e possibilitavam a destruição de torres fortificadas, mencionadas anteriormente.]

5. O general incapaz de controlar sua irritação instruirá seus homens a atacarem como um exército de formigas zangadas,

[A comparação de Ts'ao Kung é feita a partir da observação de um exército de formigas subindo uma parede. Significa que o general, ao perder a paciência com uma luta demorada, acaba tomando a decisão prematura de invadir o local sem que seus acessórios de guerra estejam prontos.]

o que resultará na perda de um terço de seu contingente, enquanto a cidade permanecerá impenetrável. São esses os efeitos desastrosos de uma invasão a estruturas fortificadas.

[Lembremos das terríveis derrotas dos japoneses antes de Port Arthur, no mais recente cerco militar que a história registrou.]

6. O líder habilidoso derrota as tropas inimigas sem lutar; toma suas cidades sem sitiá-las; derruba reinos sem operações militares demoradas.

[Chia Lin escreve que um líder apenas derruba o reinado, nunca machuca seus súditos. O exemplo clássico é Wu Wang, que, após acabar com a dinastia Yin, foi aclamado como "pai e mãe do povo".]

7. Com suas forças intactas, o líder desfrutará do poder do Império. Assim, sem perder um único homem, seu triunfo será completo.

[Devido à duplicidade do texto chinês, a última parte da frase pode gerar um significado bem diferente: "... e dessa forma, a força, não tendo sido aplicada desnecessariamente, permanece indiscutível".]

Esse é o maior artifício de guerra.

8. Em uma guerra, se nossas forças forem dez vezes maiores que as do inimigo, devemos cercá-lo; se forem cinco vezes maiores, devemos atacá-lo;

[Imediatamente, sem esperar por qualquer outra vantagem.]

Se forem duas vezes maiores, devemos dividir nosso exército em dois.

[Aqui, Tu Mu abre uma exceção que aparentemente viola um princípio fundamental de guerra. Entretanto, Ts'ao Kung fornece uma pista que remonta ao significado pretendido por Sun Tzu: "Sendo de dois para um, podemos usar uma parte do nosso exército para o ataque convencional, e a outra parte como uma espécie de distração". Chang Yu esclarece o ponto: "Se nossa força é duas vezes maior que a do inimigo, deve ser dividida em duas partes iguais — uma para enfrentar o inimigo no fronte, e outra para surpreendê-lo no flanco; se o combate for no fronte, pode ser arrasado pelo flanco, ou vice-versa". Isso quer dizer que *uma parte pode ser usada para o ataque convencional, e a outra parte como uma espécie de distração.* Tu Mu não entende que dividir um exército seja um método estratégico irregular, ou que concentrá-lo seja mais comum; e qualifica essa interpretação um erro".]

9. Se igualmente equilibradas, lutaremos;

[Li Ch'uan, seguido por Ho Shih, afirma: "Se quem ataca e quem defende têm força semelhante, apenas o general capaz irá triunfar".]

Se levemente inferiores em número, podemos evitar o inimigo;

[O comentário "podemos observar o inimigo" é certamente um grande avanço; mas infelizmente parece não haver bons exemplos a respeito. Chang Yu lembra-nos que a afirmação é aplicada somente quando outros fatores são semelhantes; normalmente uma leve diferença em número é melhor equilibrada por energia e disciplina.]

se muito inferiores, podemos fugir dele.

10. Portanto, embora uma força pequena possa lutar arduamente, no final da batalha será capturada pela força superior.

11. O general é o baluarte do Estado. Se ele for competente em todos os níveis, o Estado será forte; mas, se for incompetente, o Estado será fraco.

[Li Ch'uan explica resumidamente: "Uma falha indica deficiência; se a habilidade de um general não é perfeita (ou seja, se ele não está bem treinado), seu exército estará enfraquecido".]

12. Há três maneiras de um soberano desgraçar seu exército:

13. (1) Comandar o exército para atacar ou retroceder, desconhecendo que não poderá ser obedecido. Isso se chama *mancar* o exército.

[Li Ch'uan comenta: "É como amarrar as patas de um cavalo puro sangue para que ele seja incapaz de galopar". Normalmente acharíamos que o "soberano" dessa passagem está em casa, tentando comandar seu exército de longe. Mas os comentaristas pensam diferente, e citam os dizeres de T'ai Kung: "Um reino não deveria ser governado de longe, e um exército não deveria ser comandado de muito perto". Na verdade, durante uma batalha, ou quando o inimigo está próximo, o general não deve ficar junto a suas tropas, mas a uma pequena distância delas. Caso contrário, poderá calcular errado a posição das tropas e dar comandos equivocados.]

14. (2) Tentar comandar um exército da mesma forma que administra um reino, desconhecendo suas condições. Isso provoca a inquietação dos soldados.

[Nos escritos de Ts'ao Kung está escrito: "As esferas militar e civil são totalmente diferentes; não se pode comandar um exército com luvas de pelica". E Chang Yu escreve: "A humanidade e a justiça são princípios usados para governar um Estado, mas não um exército; por outro lado, o oportunismo e a flexibilidade são virtudes mais militares do que civis para se assimilar o comando de um exército".]

15. (3) Escolher seus oficias sem discriminação,

[Ou seja, ele não escolhe o homem correto para o serviço.]

ignorando os princípios militares de adaptação às circunstâncias. Isso abala a confiança dos soldados.

[Aqui concordo com Mei Yao-ch'en. Os outros comentaristas não se referem ao soberano [como nos § 13, 14], mas aos oficiais escolhidos por ele. Tu Yu escreve que: "Se um general desconhece o princípio da adaptação, nunca deve receber uma posição de comando". Para Tu Mu: "Aquele que escolhe com sabedoria, escolherá um homem inteligente, destemido, ambicioso e estúpido. O sábio procura estabelecer seus méritos, o destemido gosta de mostrar sua coragem, o ambicioso busca aproveitar rapidamente as vantagens, e o estúpido não tem medo da morte".]

16. Quando o exército está cansado e descontente, os príncipes inimigos podem causar sérios problemas. Isso simplesmente introduz a anarquia no exército e distancia a vitória.

17. Assim, há cinco fatores fundamentais para a vitória:

(1) Vencerá quem souber a hora certa de atacar e recuar.

[Chang Yu afirma: "Aquele que pode lutar avança e toma a ofensiva; aquele que não pode lutar recua e permanece na defensiva. Aquele que conquista sabe exatamente qual o momento certo de atacar ou recuar".]

(2) Vencerá quem souber lidar com forças superiores e inferiores.

[Estimar corretamente o momento certo não é uma habilidade exclusiva do general, como comentam Li Ch'uan e os outros. Chang Yu expressa esse pensamento com mais propriedade: "Ao aplicar-se a arte da guerra, é possível derrotar uma força maior com uma força menor, e vice-versa. O segredo é observar as condições e não deixar o momento certo passar. Tu Yu observa que: "Com uma força superior, torna-se fácil ganhar terreno; com força inferior, é muito difícil".]

(3) Vencerá aquele cujo exército é animado pelo mesmo espírito em todos os postos.

(4) Vencerá quem se prepara e espera para pegar o inimigo despreparado.

(5) Vencerá quem tem capacidade militar e não sofre a interferência do soberano.

[Tu Yu cita Wang Tzu: "É função do soberano dar instruções gerais, mas decidir sobre a batalha é função do general". É desnecessário discutirmos sobre os desastres causados pela interferência indevida nas operações militares por parte do governante. Sem dúvida, Napoleão deve muito do seu extraordinário sucesso ao fato de nunca ter sofrido interferência de uma autoridade centralizada].

18. Daí o ditado: Se você conhece o inimigo e a si mesmo, não precisa temer o resultado de uma centena de batalhas. Se você conhece a si mesmo mas não o inimigo, a cada vitória conquistada você sofrerá uma derrota.

[Li Ch'uan cita o caso de Fu Chien, príncipe de Ch'in, que em 383 d.C. marchou contra o Imperador de Chin com um numeroso exército. Quando alertado a não desprezar um inimigo capaz de comandar homens como Hsieh An e Huan Ch'ung, prontamente respondeu: "Eu tenho um contingente de oito províncias a meu favor, infantaria e cavalaria que juntas constituem um milhão de soldados; apenas minha cavalaria já seria suficiente para obstruir o rio Yangtse com seus chicotes. O que eu deveria temer?". Não obstante, suas forças foram derrotadas no rio Fei e ele foi obrigado a bater em retirada apressada.]

Se você desconhece o inimigo e a si mesmo, sucumbirá a cada batalha.

[Chang Yu disse: "Conhecer o inimigo permite que você tome a ofensiva, conhecer a si mesmo permite que você defenda sua posição". Ele acrescenta: "O ataque é o segredo da defesa; defesa é o planejamento de um ataque". Seria difícil encontrar um melhor exemplo para o princípio básico da guerra.]

IV. DISPOSIÇÕES TÁTICAS

[Ts'ao Kung explica o significado chinês das palavras do título deste capítulo: "marchar e contramarchar para descobrir a estratégia de um exército". Tu Mu disse: "É pelas disposições de um exército que sua estratégia pode ser descoberta. Oculte as disposições e sua estratégia ficará em segredo, o que leva à vitória; mostre suas disposições e sua estratégia ficará patente, o que leva à derrota". Wang Hsi observa que o bom general pode "garantir a vitória ao modificar suas táticas para atender às do inimigo".]

1. Sun Tzu afirmou: Os bons guerreiros de outrora primeiro se posicionavam além da possibilidade da derrota e depois esperavam a oportunidade de derrotar o inimigo.

2. Assegurarmo-nos contra a derrota está em nossas próprias mãos, mas a ocasião propícia para vencer o inimigo é indicada pelo próprio inimigo.

[Isso acontece, obviamente, por conta de um erro do inimigo.]

3. Assim, o bom guerreiro é capaz de evitar a derrota,

[Chang Yu diz que isso é possível "quando você dissimula a disposição de suas tropas, cobre seus rastros e toma precauções contínuas".]

mesmo sem saber ao certo se pode derrotar o inimigo.

4. Daí vem a máxima: Pode-se saber como conquistar sem ser capaz de fazê-lo.

5. A garantia contra a derrota implica táticas defensivas; a capacidade de derrotar o inimigo significa tomar a ofensiva.

[Mantenho o sentido encontrado em uma passagem semelhante no § 1-3, ainda que contrário aos comentaristas. O significado por eles dado, "Aquele que não pode conquistar que se defenda", também é plausível.]

6. Permanecer na defensiva indica força insuficiente; atacar, força abundante.

7. O general que é perito em defesa se esconde nos mais secretos recônditos da terra;

[Literalmente, "oculta a si mesmo até nas profundezas da terra". A metáfora indica sigilo e disfarce extremos para que o inimigo não consiga saber o seu paradeiro.

o perito em ataque irradia como um relâmpago do mais alto dos céus.

[A metáfora indica que ele cai sobre o inimigo como um raio com trovão, contra o qual não há tempo para se prevenir. Essa é a opinião da maior parte dos comentaristas.]

Assim, por um lado, somos capazes de nos proteger; por outro, somos capazes de alcançar a vitória completa.

8. Ver a vitória apenas quando ela está ao alcance do homem comum não é o auge da excelência.

[Como observa Ts'ao Kung, "o bom é ver a planta antes que ela germine", ou seja, prever o evento antes de iniciar a ação. Li Ch'uan faz alusão à história de Han Hsin; quando estava para atacar o exército imensamente superior de Chao — que se encontrava muito bem entrincheirado na cidade de Ch'eng-an — disse a seus oficiais: "Senhores, vamos aniquilar o inimigo; depois nos vemos no jantar". Os oficiais não tinham como levar a sério o que ele falou e assentiram de maneira duvidosa. Mas Han Hsin já havia calculado todos os detalhes em sua brilhante mente estrategista. Como ele previa, conseguiria conquistar a cidade e infligir uma derrota avassaladora ao inimigo.]

9. Nem é o auge da excelência se você luta e vence, e todo o Império exclama: "Bom trabalho!".

[Tu Mu fala sobre a verdadeira excelência: "Planejar secretamente, mover-se de forma discreta, frustrar as intenções do inimigo e esquivar-se dos seus esquemas, para que, no final das contas, o dia seja vencido sem o derramamento de uma só gota de sangue". Su Tzu destaca que "o realmente desejável é poder ver o mundo do sutil e dar-se conta do mundo do oculto".]

10. Erguer um fio de cabelo não é sinal de grande força;

[A expressão inglesa "Autumn hair", aqui traduzida como "fio de cabelo", pode ser entendida se considerarmos o pelo de uma lebre, que fica mais fino no outono, quando cresce para se renovar. Tal locução é muito utilizada por escritores chineses.]

ver o Sol e a Lua não é sinal de visão aguçada; escutar um trovão não é sinal de audição apurada.

[Ho Shih nos mostra exemplos reais de força, visão aguçada e audição apurada: Wo Huo conseguia levantar objetos extremamente pesados; Li Chu conseguia ver objetos do tamanho de um grão de mostarda a uma grande distância; e Shih K'uang era um músico cego que conseguia ouvir os passos de um mosquito.]

11. Para os antigos, o guerreiro inteligente não é aquele que apenas vence, mas o que se supera e vence com facilidade.

[A tradução desse trecho é, literalmente "aquele que conquista supera a conquista com facilidade". Para Mei Yao-ch'en: "Aquele que somente vê o óbvio vence suas batalhas com dificuldade; aquele que olha abaixo da superfície das coisas, vence com facilidade".]

12. Por conseguinte, suas vitórias não lhe trazem reputação de sabedoria nem crédito pela coragem.

[Tu Mu explica: "Visto que suas vitórias acontecem por força das circunstâncias que não foram descobertas, ninguém, em um mundo tão grande, sabe a respeito desses homens, e eles não ganham reputação de sabedoria, visto que o Estado hostil se submete antes. Não havendo derramamento de sangue, tais homens não recebem crédito por sua coragem".]

13. O guerreiro vence suas batalhas sem cometer erros.

[Ch'en Hao diz: "Ele não inventa marchas desnecessárias, não planeja investidas inúteis". A relação dessas ideias é explicada por Chang Yu: "Aquele que procura conquistar com pura força, mesmo que seja inteligente ao vencer batalhas duras, também está sujeito a ser derrotado; ao passo que aquele que estuda o futuro e distingue as condições que ainda não estão manifestas nunca cometerá um erro estúpido. Portanto, sempre vencerá".]

Não cometer erros é o que traz a certeza da vitória, pois significa conquistar um inimigo já derrotado.

14. Assim, o guerreiro habilidoso fica numa posição que torna a derrota impossível, e não perde a ocasião de derrotar o inimigo.

[Sendo "um consultor no quesito perfeição", observa Tu Mu. A "posição" não precisa estar confinada no território ora ocupado pelas tropas. A máxima inclui todos os arranjos e preparativos que um sábio general fará para aumentar a segurança do seu exército.]

15. Na guerra, o estrategista vitorioso só trava uma batalha após a conquista da vitória; já quem está destinado à derrota luta primeiro e só depois busca a vitória.

[Ho Shih expõe o paradoxo: "Na guerra, trace primeiro os planos que vão assegurar-lhe a vitória, e só então leve o seu exército ao campo de batalha; caso você não inicie com estratégia e confie no uso da força bruta, a vitória deixará de ser uma certeza".]

16. O perfeito líder cultiva a lei moral e adere estritamente ao método e à disciplina; assim, está em seu poder o controle do êxito.

17. No tocante ao método militar, temos, em primeiro lugar, Dimensões; em segundo lugar, Estimativas; em terceiro, Cálculos; em quarto, o Balanceamento das oportunidades; e, em quinto, a Vitória.

18. A Dimensão deve sua existência à Terra; a Estimativa de quantidade, à Dimensão; o Cálculo, à Estimativa; o Balanceamento das oportunidades, ao Cálculo; e a Vitória, ao Balanceamento das oportunidades.

[Não é fácil distinguir claramente os quatro termos no idioma chinês. O primeiro parece avaliar e medir o terreno, o que nos permite traçar uma estimativa relacionada à força do inimigo e fazer cálculos baseados nos dados obtidoss. Nesse contexto, somos conduzidos a um balanço geral, ou a uma comparação entre as oportunidades do inimigo e as nossas; caso alterada a escala, a vitória virá como consequência. A principal dificuldade está no terceiro termo. No idioma chinês alguns comentaristas o compreendem como um cálculo *numérico*, tornando-o um quase sinônimo do segundo termo. Talvez devêssemos pensar sobre o segundo termo como uma consideração acerca da posição ou da condição geral do inimigo. Já o terceiro termo seria a estimativa de sua força numérica. Em contrapartida, Tu Mu ressalta: "Equacionada a questão da força relativa, podemos ativar os variados recursos de esperteza". Ho Shih está a favor dessa interpretação, apesar de enfraquecê-la. Contudo, o sentido do terceiro termo parece apontar para um cálculo numérico.]

19. Um exército vitorioso, em oposição a um derrotado, é como um peso de dois quilos contra um único grão colocados na balança.

[Literalmente, "um exército vitorioso equivale a um I (20 oz, onça chinesa) comparado com um SHU (1/24 oz.[2]); um exército derrotado é um SHU comparado com um I". A questão aqui é a enorme vantagem que uma força disciplinada, incitada à vitória, exerce em relação a uma força desmoralizada pela derrota. Legge, em sua nota sobre Mêncio, I. 2. ix. 2, descreve o I como sendo 24 onças chinesas, e corrige a afirmação de Chu Hsi, onde I seria equivalente a apenas 20 oz. Mas Li Ch'uan, da dinastia T'ang, adota o mesmo número que Chu Hsi.]

20. O avanço de uma força triunfante é como o estouro de águas contidas numa fenda a 180 km de profundidade.

V. FIRMEZA

1. Sun Tzu afirmou: O controle de uma grande força segue o mesmo princípio do controle de alguns homens; é apenas uma questão de dividi-los em grupos.

[Ou seja, dividir o exército em regimentos, companhias, etc., com oficiais subordinados no comando. Tu Mu lembra-nos da famosa resposta de Han Hsin ao primeiro Imperador Han, que certa vez lhe disse: "Qual o tamanho do exército que, em sua opinião, eu conseguiria conduzir?" "Não mais do que 100 mil homens, Majestade", respondeu Han Hsi. "E você?", indagou o Imperador. "Oh! Quanto mais homens, melhor para mim".]

2. Combater com um exército grande sob seu comando não é, de modo algum, diferente de combater com um pequeno: tudo é mera questão de estabelecer símbolos e sinais.

3. Para garantir que toda a sua tropa possa suportar o impacto do ataque do inimigo e permanecer inabalável, execute manobras diretas e indiretas.

[Chegamos agora a uma das partes mais interessantes do tratado de Sun Tzu: a discussão do *cheng* e do *ch'i*. Apesar da dificuldade de compreender o real significado desses dois termos, ou traduzi-los para outras línguas como o inglês, vale a pena tabular algumas observações dos comentaristas sobre o assunto. Para Li Ch'uan: "Encarar o inimigo é *cheng*, desviar a atenção é *ch'i*". Chia Lin diz:

"Na presença do inimigo, suas tropas devem estar em ordem normal, mas, para garantir a vitória, manobras irregulares devem ser utilizadas". Mei Yao-ch'en afirma: "*Ch'i* é ativo, *Cheng* é passivo; a passividade significa esperar uma oportunidade, enquanto a atividade é a vitória em si". Ho Shih: "Devemos fazer que o inimigo considere nosso ataque direto como algo que foi secretamente planejado, e vice-versa; assim, *Cheng* pode também ser *Ch'i* e *Ch'i* pode também ser *Cheng*". Como exemplo, cita a famosa proeza de Han Hsin, que, ao marchar de maneira ostensiva na direção de Lin-chin (agora Chao-i, em Shensi), de repente empregou uma grande força em barris de madeira na outra margem do rio Amarelo, desconcertando completamente o oponente. [*Ch'ien han shu*, capítulo III.] Aqui sabemos que Lin-chin era *Cheng*, e a manobra repentina era *Ch'i*. Chang Yu resume: "Os escritores militares não estão de acordo sobre o significado de *Ch'i* e *Cheng*". Wei Liao Tzu, do século IV a.C., diz: "O combate direto favorece os ataques frontais; o indireto, os ataques pelas costas". Diz Ts'ao Kung: "Seguir em frente para lutar é uma operação direta; aparecer nas costas do inimigo é uma manobra indireta". Li Wei-kung, entre os séculos VI e VII d.C., observa: "Na guerra, marchar de forma convencional é *Cheng*; por outro lado, inverter os movimentos é *Ch'i*". Esses escritores simplesmente consideram *Cheng* como *Cheng* e *Ch'i* como *Ch'i*; não percebem que as duas palavras são mutuamente intercambiáveis e que colidem entre si como os dois lados de um círculo. [Veja abaixo, § 11.] Um comentário sobre o Imperador T'ai Tsung, da dinastia T'ang, em relação ao ponto crucial da questão: "Uma manobra *Ch'i* pode ser *Cheng*, se fizermos que o inimigo olhe para ela como sendo *Cheng*; portanto, o nosso verdadeiro ataque será *Ch'i*, e vice-versa. O segredo completo reside em confundir o inimigo para que ele não possa entender a nossa real intenção". Para formular a questão talvez de forma um pouco mais clara: qualquer ataque ou outra operação é *Cheng*, no qual o inimigo foca sua atenção; enquanto temos o *Ch'i* quando o ataque o pega de surpresa ou vem de um lado inesperado. Se o inimigo perceber um movimento cujo objetivo seja o *Ch'i*, este imediatamente torna-se *Cheng*.]

4. O efeito do impacto do seu exército pode ser como o de uma pedra amoladeira sobre um ovo — tal é a ciência dos pontos fracos e fortes.

5. Em todas as batalhas, o método direto pode ser usado para entrar em combate, mas os métodos indiretos serão necessários para garantir a vitória.

[Chang Yu afirma: "Sempre projete táticas, encurralando o inimigo ou surpreendendo-o pelas costas". Um exemplo brilhante de "tática indireta", que decidiu o destino de uma campanha, foi a marcha noturna de *Lord* Roberts em torno de Peiwar Kotal, na segunda guerra afegã. [1]]

6. Táticas indiretas aplicadas de maneira eficiente são inexauríveis como o Céu e a Terra, intermináveis como a corrente dos rios e riachos; como o Sol e a Lua, elas desaparecem de um lado para aparecer em outro; como as quatro estações, elas morrem para voltar em seguida.

[Tu Yu e Chang Yu interpretam dessa forma as permutações de *Ch'i* e *Cheng*. Todavia, Sun Tzu jamais falou no *Cheng*, a menos que deduzamos, junto com Cheng Yu-hsien, que o trecho referido tenha sido retirado do texto. Naturalmente, como já indicado, as duas palavras estão tão diretamente associadas a todas as operações militares, que não podem ser consideradas em separado. Aqui temos apenas uma expressão, em linguagem figurada, dos infinitos recursos de um grande líder.]

7. Não há mais que cinco notas musicais (na cultura chinesa) e, no entanto, as combinações possíveis dão origem a mais melodias do que se possa imaginar.

8. Não há mais que cinco cores primárias (na cultura chinesa) — azul, amarelo, vermelho, branco e preto — e, no entanto, as combinações tonais produzidas são infinitas.

9. Não há mais que cinco paladares principais — azedo, ácido, salgado, doce, amargo —, todavia suas combinações rendem mais sabores do que podemos provar.

10. Na guerra, não há mais do que dois métodos de ataque: o direto e o indireto; entretanto, os dois combinados harmonizam uma série interminável de manobras.

11. Os métodos direto e indireto, cada um por sua vez, conduzem um ao outro. É como mover um círculo — você nunca chega a um fim. Quem poderia esgotar as possibilidades de combinação?

12. O ataque de tropas é como uma torrente que faz rolar até mesmo as pedras que estão no caminho.

13. A qualidade da decisão é como o impetuoso ataque de um falcão, que crava as unhas e destrói a vítima.

[O chinês aqui usado é ardiloso; determinadas palavras-chave usadas em determinados contextos constituem um desafio aos melhores esforços de um tradutor. Tu Mu define tal palavra como "a medição ou estimativa de distância". Contudo, esse significado não se adapta bem ao exemplo apresentado no § 15. Aplicando-se ao falcão, parece que a definição indica o instinto de autocontrole, que faz que a ave não se precipite sobre a presa até o momento certo, somado ao poder de julgamento quando o momento certo é chegado. A qualidade análoga dos soldados é altamente importante; eles têm de saber guardar a empolgação até que chegue o momento no qual tal sentimento será mais eficaz. Quando entrou lentamente em ação no cabo Trafalgar, o navio "Victory" foi alvejado vários minutos por uma rajada de tiros e balas de canhão, antes que pudesse dar um único tiro. O Almirante Nelson teve sangue-frio para esperar até que estivesse num raio próximo, e só então ordenou que sua artilharia provocasse grande pânico nos navios do inimigo.]

14. Portanto, o bom guerreiro deve ser temível à primeira vista e pontual em suas decisões.

[A palavra "decisão" teria referência à medição da distância antes mencionada, o que permite a aproximação do inimigo antes de atacá-lo. No entanto, não posso evitar a ideia de que Sun Tzu desejasse usar a palavra no sentido figurado, em consonância com a expressão "curto e grosso". Conforme nota de Wang Hsi, depois de descrever como o falcão ataca: "É assim que o 'momento psicológico' deveria ser aproveitado na guerra".]

15. A firmeza pode ser comparada à curvatura de um arco; a decisão, ao lançamento de uma flecha.

[Nenhum dos comentaristas parece captar o real significado da comparação entre a firmeza e a força armazenada no arco curvado até que a flecha seja lançada.]

16. Entre a baderna e o tumulto de um combate, pode haver uma aparente desordem quando, na verdade, não há; entre a confusão e o caos, uma formação militar poderá parecer sem pés nem cabeça e, no entanto, ser impenetrável à derrota.

[Diz Mei Yao-ch'en: "A determinação, com antecedência, das subdivisões do exército, bem como da combinação de vários sinais — separação e união, dispersão e reunião que ocorrem no curso de uma batalha, pode dar uma aparência de desordem quando nenhuma real desordem é possível. A formação pode não ter pés nem cabeça, e o posicionamento pode ser totalmente confuso; no entanto, a derrota está completamente fora de cogitação".]

17. A desordem simulada requer uma disciplina perfeita; o medo simulado requer coragem; fraqueza aparente requer força.

[Para que a tradução fique clara, é necessário abrandar o significado acentuadamente paradoxal do original. Ts'ao Kung emite uma pista quanto ao sentido nesta breve nota: "Estas coisas todas servem para destruir a formação e dissimular a condição do exército". No entanto, Tu Mu é o primeiro a falar a respeito com clareza: "Se você deseja aparentar que há confusão, pensando em ludibriar o inimigo, primeiramente tenha uma disciplina perfeita; se deseja mostrar acanhamento para apanhar o inimigo em uma armadilha, você deve ter extrema coragem; se deseja exibir fraqueza para deixar o inimigo confiante, tenha excesso de força".]

18. Esconder a ordem sob o manto da desordem é simplesmente uma questão de divisão;

[Veja § 1.]

ocultar a coragem sob um manto de acanhamento pressupõe um tesouro de energia latente;

[Os comentaristas entendem bem uma certa palavra chinesa aqui usada de maneira bem diferente do que em qualquer outra parte deste capítulo. Tu Mu diz: "Vendo que estamos favoravelmente em uma condição e, no entanto, não nos movemos, o inimigo acreditará que estamos com medo".]

mascarar a força com a fraqueza é um efeito das Disposições Táticas.

[Chang Yu relata a seguinte história sobre Kao Tsu, o primeiro imperador da dinastia Han: "Querendo esmagar o rival Hsiung-nu, ele enviou espiões para investigar sua condição. Mas, prevenido, Hsiung-nu escondeu com cuidado todos os homens fortes e todos os cavalos bem alimentados, e deixou à mostra somente os soldados doentes e os animais desnutridos. Como resultado, os espiões, por unanimidade, recomendaram que o imperador afetuasse o ataque. Sozinho, Lou Ching se opôs e disse: "Quando dois territórios vão para a guerra, tendem, naturalmente, a fazer uma demonstração ostentosa de sua força. Entretanto, nossos espiões não viram nada, exceto velhice e doença. Isso, com certeza, é algum tipo de ardil por parte do inimigo, e não seria inteligente atacá-los". O imperador, contudo, desprezou o conselho, caiu na armadilha e foi cercado em Po-teng.]

19. Assim, quem domina a arte de manter o inimigo em movimento cultiva aparências enganosas a partir das quais o inimigo agirá.

[A observação de Ts'ao Kung é "Exiba fraqueza e espere". Tu Mu diz: "Se a nossa força é superior à do inimigo, a fraqueza pode ser simulada com a finalidade de ludibriá-lo; mas, se a nossa força é inferior, devemos fazer que o inimigo acredite que somos fortes, para, dessa maneira, mantê-lo bem longe. Na verdade, todos os movimentos do inimigo devem ser determinados pelos sinais que escolhemos associar a ele. Observe a seguinte história de Sun Pin, um descendente de Sun Wu: Em 341 a.C., quando Wei e o Estado de Ch'i estavam em guerra, ele enviou T'ien Chi e Sun Pin contra o general P'ang Chuan, que era inimigo pessoal e mortal de Wei. Sun Pin contou: "O Estado de Ch'i é conhecido por sua covardia, por isso nosso inimigo nos despreza. Vamos converter o fato a nosso favor". Quando o exército havia cruzado a fronteira e entrado no território de Wei, ele ordenou que os soldados acendessem 100 mil fogueiras na primeira noite; 50 mil na segunda; e apenas 20 mil na terceira. P'ang Chuan os perseguiu cheio de ódio, repetindo a si mesmo: "Eu sabia que esses homens de Ch'i eram covardes: mais da metade já desertou". Em sua retirada, Sun Pin chegou a um desfiladeiro estreito, que, segundo seus cálculos, seria atingido por seus perseguidores depois de anoitecer. Escolheu uma árvore, tirou a casca do tronco, e nele escreveu as seguintes palavras: "Sob esta árvore P'ang Chuan vai morrer". Quando começou a anoitecer, ele deixou um forte destacamento de arqueiros em uma tocaia bem próxima ao lugar, com ordens para atirar diretamente se vissem uma luz. Mais tarde, P'ang Chuan chegou ao local e, notando a árvore, acendeu uma tocha para ler o que estava escrito. De imediato, seu corpo foi perfurado por uma saraivada de flechas, e seu exército inteiro foi derrotado em meio ao caos. A versão da história mencionada é de Tu Mu; a do *Shih chi* é menos dramática, porém provavelmente mais exata em termos históricos; nela, P'ang Chuan, depois de ser derrotado, corta sua própria garganta com uma exclamação de desespero.]

Ele sacrifica algo que o inimigo poderá pegar.

20. Ao lançar iscas, o guerreiro mantém o inimigo em movimento; então, com um grupo de homens selecionados, espera por ele.

[Com uma correção sugerida por Li Ching, a história fica assim: "Ele fica à espera com a seleção destacada de suas tropas".]

21. O guerreiro inteligente observa o efeito da firmeza e não exige dos soldados.

[Diz Tu Mu: "Inicialmente, ele considera o poder do seu exército como um todo; depois, considera o talento de cada soldado e usa cada homem de acordo com suas habilidades. Não exige a perfeição dos que não tenham talento".]

Vem daí sua habilidade em escolher os homens certos e utilizar a força combinada.

22. Ao utilizar a forças combinada, seus soldados assemelham-se a troncos ou pedras preparados para despencar de um penhasco. É da natureza do tronco ou da pedra permanecer imóvel em terrenos planos e mover-se num declive; se forem quadrados, vão parar, mas forem redondos, irão rolar.

[Ts'au Kung descreve a ação como "o uso do poder natural ou inerente".]

23. Portanto, a firmeza desenvolvida por bons guerreiros é como o ímpeto de uma pedra arredondada despencando de uma montanha de grande altitude. Esse é o objetivo da firmeza.

[A lição principal deste capítulo, na opinião de Tu Mu, é a importância suprema das rápidas evoluções e dos tumultos repentinos numa guerra. Ele conclui: "Resultados grandiosos podem ser conquistados com pequenos esforços".]

[1] *Forty-one Years in India* (*Quarenta e um anos na Índia*, tradução livre), capítulo 46.

VI. PONTOS FORTES E FRACOS

[Chang Yu explica a sequência de capítulos da seguinte forma: "O capítulo IV, sobre Disposições Táticas, descreve as ações ofensivas e defensivas; o capítulo V, sobre Firmeza, fala sobre métodos diretos e indiretos. O bom general primeiro toma conhecimento das técnicas de ataque e defesa, para somente depois voltar sua atenção aos métodos diretos e indiretos. Ele estuda a arte de alternar e combinar esses dois métodos antes de ir aos pontos fortes e fracos; pois o uso desses métodos surge do ataque e da defesa, e a percepção de pontos fracos e fortes depende dos métodos diretos e indiretos. É justamente por esse motivo que os Pontos Fortes e Fracos são abordados imediatamente após o capítulo Firmeza".]

1. Sun Tzu disse: Quem chegar primeiro ao campo de batalha e esperar pelo inimigo estará mais descansado para a luta; quem chegar depois, estará exausto.

2. O guerreiro mais inteligente impõe sua vontade ao inimigo e nunca permite que ele imponha a sua.

[O grande soldado luta somente de acordo com seus próprios termos.] [1]

3. Ao manter as vantagens, poderá controlar a aproximação do inimigo; ou, causando-lhe danos, pode tornar impossível sua aproximação.

[No primeiro caso, irá seduzir o inimigo com uma isca; no segundo, atacará um ponto estratégico, forçando-o a se defender.]

4. Se o inimigo estiver descansando, infernize-o;

[Essa passagem do tratado pode ser usada como uma prova contra a interpretação de Mei Yao-Ch'en do I § 23.]

Se o inimigo estiver abastecido, force-o a usar seu estoque de comida; se estiver acampado, force-o a se movimentar.

5. Ataque subitamente forçando o inimigo a se defender; marche rapidamente para locais inesperados.

6. Um exército pode percorrer grandes distâncias sem qualquer problema, se marchar por áreas onde o inimigo não esteja.

[Ts'ao Kung resume bem a passagem: "Apareça do nada (uma vez por dia, como um relâmpago no céu), ataque os pontos vulneráveis, evite locais protegidos, ataque em momentos inesperados".]

7. Você poderá garantir a vitória se atacar apenas locais desprotegidos.

[Wang Hsi define "locais desprotegidos" como "pontos fracos"; ou seja, locais ignorados pelo general, ou com a guarda enfraquecida; onde os muros são fracos, ou as precauções, negligentes; ou onde a troca da guarda demora a ocorrer; ou onde os suprimentos são limitados; ou onde há discórdia entre os soldados.]

Você só conseguirá assegurar sua defesa se mantiver posições onde não possa ser atacado.

[Isto é, onde não existam os pontos fracos já citados. Há outra questão a ser considerada sobre o último assunto. Tu Mu, Ch'en Hao e Mei Yao-ch'en acreditam que "para tornar sua defesa segura, você precisa defender até mesmo locais onde, presumidamente, nunca seria atacado". Tu Mu acrescenta: "E defender ainda mais os locais que certamente serão atacados". Entretanto, essa última consideração não combina muito bem com a anterior — se levarmos em conta o estilo altamente contrastante pelo qual os chineses são conhecidos. Por conseguinte, Chang Yu parece mais claro ao dizer que "Aquele que é perito em ataque se esconde nas maiores altitudes do céu (veja capítulo IV § 7), tornando impossível para o inimigo proteger-se contra ele. Assim, os locais que devemos atacar são precisamente aqueles onde o inimigo não consegue defender-se. O perito em defesa se esconde nos recantos mais secretos da terra, tornando impossível ao inimigo estimar sua localização. Dessa forma, os locais que devemos defender são precisamente aqueles que o inimigo não consegue atacar".]

8. Assim, o perito em ataque é aquele cujo oponente não faz ideia do que deve defender; e o perito em defesa é aquele cujo oponente não faz ideia do que deve atacar.

[Esse aforismo resume a Arte da Guerra em poucas palavras.]

9. Oh, divina arte da sutileza e da discrição! Com sua ajuda aprendemos a ser invisíveis e inaudíveis;

[Literalmente, "sem forma ou som", mas dito, é claro, referindo-se ao inimigo.]

e assim somos capazes de reter o destino do inimigo em nossas mãos.

10. Você pode avançar e tornar-se imbatível, se atacar os pontos fracos do inimigo; também pode recuar e ficar seguro, caso seus movimentos sejam mais rápidos do que os do inimigo.

11. Quando quiser lutar, force o inimigo ao confronto mesmo que ele esteja abrigado numa alta trincheira ou um fosso profundo.

Tudo que precisa fazer é atacar outra posição, e ele será obrigado a socorrê-la.

[Tu Mu afirma: "Se o inimigo for o invasor, podemos cortar sua linha de comunicação e ocupar as estradas por onde ele terá de retornar; se formos os invasores, podemos direcionar nosso ataque ao próprio soberano". Fica claro que Sun Tzu, ao contrário de determinados generais na recente Guerra dos Bôeres, não acreditava em ataques frontais.]

12. Se não quisermos lutar, podemos impedir que o inimigo nos ataque, mesmo que o perímetro do nosso acampamento já esteja determinado. Tudo que precisamos fazer é jogar algo inusitado e inesperado em seu caminho.

[Essa afirmação extremamente sucinta é parafraseada com clareza por Chia Lin: "... mesmo que não tenhamos levantado paredes ou cavado fossos". Li Ch'uan diz: "... confundiremos o inimigo com disposições estranhas e incomuns"; e, por fim, Tu Mu ilustra o significado com três anedotas — a primeira sobre Chu-ko Liang, que, após ocupar Yang-p'ing e estar prestes a ser atacado por Ssu-ma I, inesperadamente substituiu seu uniforme por roupas comuns, interrompeu a batida dos tambores, e escancarou os portões da cidade mostrando apenas poucos homens varrendo o chão. Esse procedimento inesperado teve o efeito pretendido; pois Ssu-ma I, suspeitando uma emboscada, recuou seu exército e bateu em retirada. O que Sun Tzu alega aqui, entretanto, é mais ou menos o uso exato do "blefe".]

13. Ao descobrirmos a posição do inimigo e permanecermos invisíveis a ele, podemos conservar nossas forças, enquanto as dele podem ser divididas.

[Talvez a conclusão não seja tão óbvia, mas Chang Yu (após Mei Yao-ch'en) a explica corretamente: "Quando as disposições do inimigo estiverem visíveis, poderemos vê-lo como um único corpo; quando nossa própria disposição for desconhecida pelo inimigo, fará que ele divida suas forças para se defender de ataques inesperados".]

14. Podemos formar um corpo único e unido, enquanto o inimigo precisará dividir-se em frações. Portanto, haverá um todo unido contra as partes separadas de um todo, o que significa que seremos muitos contra poucos.

15. Se formos capazes de atacar uma força inferior com uma superior, nosso adversário estará acabado.

16. A posição que pretendemos atacar deve permanecer desconhecida; assim, o inimigo terá de se preparar contra diversos ataques a diferentes posições;

[Certa vez, Sheridan justificou as vitórias do General Grant dizendo que, "enquanto seus inimigos ficavam atentos imaginando o que ele iria fazer, nem ELE mesmo sabia".]

com suas forças distribuídas em várias direções, o contingente que enfrentaremos em qualquer posição será proporcionalmente reduzido.

17. E, se o inimigo fortalecer a dianteira, sua retaguarda ficará enfraquecida; se fortalecer a retaguarda, sua dianteira ficará enfraquecida; se fortalecer a esquerda, comprometerá a direita; se fortalecer a direita, comprometerá a esquerda. Se enviar reforços para todas as posições, ficará ainda mais enfraquecido.

[No livro *Instructions to his Generals* (*Instruções a seus generais*), de Frederico, o Grande, lemos: "Uma guerra defensiva é capaz de nos induzir ao erro de dividir nossas tropas com frequência. Generais com pouca experiência tendem a proteger todas as posições igualmente, enquanto os mais experientes protegem-se principalmente contra o ataque decisivo, aceitando uma perda pequena para evitar uma desgraça maior".]

18. A inferioridade numérica ocorre quando temos de nos preparar contra possíveis ataques; a superioridade numérica, quando obrigamos nosso inimigo a fazer essa preparação.

[O maior dos generalatos, nas palavras do Coronel Henderson, é "compelir o inimigo a dispersar seu exército, e depois concentrar uma força superior contra cada uma de suas frações, atacando uma de cada vez".]

19. Conhecendo o local e o momento do próximo combate, poderemos concentrar nossas forças a grandes distâncias para lutar.

[O que Sun Tzu infere é o bom cálculo das distâncias e o emprego de boas estratégias que permitem a um general dividir seu exército com o propósito de uma marcha rápida e longa, e, depois, efetuar junção no exato local e hora de confrontar o inimigo com força máxima. Entre as várias e bem-sucedidas junções registradas pela história militar, uma das mais dramáticas e decisivas foi a aparição de Blucher no momento derradeiro da Batalha de Waterloo.]

20. Mas, se o local e o momento da batalha forem desconhecidos, o flanco esquerdo não poderá socorrer o direito; e o direito estará igualmente impossibilitado de ajudar o esquerdo; a dianteira será incapaz de apoiar a retaguarda, e vice-versa. Seria ainda pior se o destacamento mais distante do ponto de junção estivesse a cerca de cem li, e o destacamento mais próximo, a várias li!

[O texto dessa última afirmação no idioma chinês é um tanto impreciso, mas a ideia é provavelmente mostrar que um exército avança em direção a um ponto de encontro dividido em agrupamentos, cada qual com ordens de chegar a esse ponto em uma data previamente determinada. Se o general permitir que vários destacamentos sigam para o ponto de encontro sem instruções exatas quanto a tempo e local, o inimigo será capaz de aniquilar seu exército. A observação de Chang Yu também tem seu valor: "Se desconhecemos o local em que nossos inimigos pretendem concentrar-se, ou o dia em que unirão suas forças para o combate, nosso destacamento será derrotado enquanto nos preparamos para a defesa, e a segurança de nossas posições estará comprometida. Se subitamente encontrarmos um inimigo poderoso, seremos obrigados a lutar despreparados; e nenhum apoio pelos flancos, dianteira ou retaguarda será possível, especialmente se houver uma grande distância entre nossos destacamentos".]

21. De acordo com a minha estimativa, embora os soldados de Yueh possam ultrapassar os nossos em número, não terão qualquer vantagem em termos de vitória. Então, digo que a vitória pode ser alcançada.

[De nada adiantaram essas corajosas palavras! O longo conflito entre os dois Estados terminou em 473 a.C., com a derrota de Wu por Kou Chien e seus aliados em Yueh. Isso ocorreu certamente muito depois da morte de Sun Tzu. Para analisar a afirmação presente [veja capítulo IV § 4], Chang Yu é o único a observar tal aparente discrepância, e tenta explicá-la assim: "No capítulo sobre as Disposições Táticas é dito que 'Pode-se saber como conquistar sem ser capaz de fazê-lo', enquanto aqui temos a afirmação de que a vitória pode ser alcançada". No capítulo anterior, onde ofensiva e defensiva são discutidas, observa-se que, se o inimigo está totalmente preparado, não é possível assegurar a vitória sobre ele. Entretanto, a passagem atual refere-se especificamente aos soldados de Yueh, que, de acordo com os cálculos de Sun Tzu, desconheciam o momento e o local da iminente batalha. Por isso ele afirma que a "vitória pode ser alcançada".]

22. Embora o inimigo seja numericamente maior, podemos impedi-lo de lutar. Planeje descobrir seus planos e a probabilidade de obter sucesso.

[Uma interpretação alternativa oferecida por Chia Lin é: "Conheça com antecedência todos os planos, que eles conduzirão você ao sucesso e o inimigo ao fracasso".]

23. Provoque-o e descubra a origem de sua atividade ou inatividade.

[Chang Yu observa que, ao estudarmos o estado de alegria ou de raiva do inimigo ao ser provocado, seremos capazes de descobrir se suas intenções são defensivas ou ofensivas. Ele exemplifica a tática de Cho-ku Liang, que enviou a cabeça de uma mulher a Ssu-ma I para incitá-lo a abandonar a estratégia fabiana.]

Force-o a revelar a exibir seus pontos vulneráveis.

24. Compare cuidadosamente o exército do inimigo com o seu, e descubra onde a força é abundante ou deficiente.

[Veja o capítulo IV § 6.]

25. Ao dispor taticamente seu exército, o maior ganho que você pode conquistar é manter essa disposição oculta;

[A qualidade desse paradoxo perde-se na tradução. Ocultar talvez não seja o mesmo que estar invisível [veja o § 9], pois o que você pretende fazer é "não deixar vestígios" dos planos elaborados.]

oculte suas disposições e estará salvo de espiões sorrateiros e de armações oriundas das mentes mais engenhosas.

[Tu Mu diz: "Embora o inimigo tenha oficiais inteligentes e capazes, não conseguirá traçar quaisquer planos contra nós".]

26. O que muitos não conseguem entender é como a vitória pode ser conquistada a partir das próprias táticas do inimigo.

27. Por onde conquisto, todos podem observar as táticas que uso, mas ninguém consegue entender a estratégia oculta na vitória.

[Isto é, todos podem observar superficialmente como a batalha é vencida; o que desconhecem são as inúmeras combinações e tramas que precedem a batalha.]

28. Não repita as mesmas estratégias que lhe deram a vitória, mas permita que seus métodos sejam regulados pela infinita variedade de circunstâncias.

[Como Wang Hsi sabiamente observa: "Há apenas um princípio que nos leva à vitória; no entanto, infinitas são as estratégias que a cercam". Segundo a observação do Coronel Henderson: "As regras de um estratagema são poucas e simples. Podem ser assimiladas em uma semana. Podem ser ensinadas por ilustrações conhecidas ou alguns diagramas. Mas tal conhecimento não irá capacitar um homem a liderar um exército como Napoleão; da mesma forma que o conhecimento de gramática não o faria escrever como Gibbon".]

29. As estratégias militares são como o fluxo da água; pois a água, em seu curso natural, escorre rapidamente dos locais altos.

30. Assim, em uma guerra, a tática é evitar o forte e atacar o fraco.

[Como a água que flui para o lado menos resistente.]

31. A água toma seu curso a partir da natureza do solo por onde flui; o soldado conquista sua vitória de acordo com o inimigo que enfrenta.

32. Assim como a água muda a sua forma, também na guerra não há condições constantes.

33. Quem consegue alterar as táticas e sair vitorioso pode ser considerado um capitão nato.

34. Os cinco elementos básicos da natureza (água, fogo, madeira, metal e terra) não são sempre igualmente predominantes;

[Ou seja, como Wang Hsi diz: "eles predominam alternadamente".]

as quatro estações do ano se favorecem alternadamente.

[Literalmente, "não há irregularidades".]

Há dias curtos e longos; a Lua tem períodos minguantes e crescentes.

[Veja o capítulo V § 6. O propósito dessa passagem é ilustrar a necessidade do planejamento na guerra devido às constantes mudanças na natureza. Entretanto, a comparação não é muito feliz, pois a regularidade do fenômeno que Sun Tzu menciona está longe de ser comparada a uma guerra.]

[1] Veja a biografia do Coronel Henderson por Stonewall Jackson, 1902., vol. II, p. 490.

VII. MANOBRAS TÁTICAS

1. Sun Tzu afirmou: Na guerra, o general recebe as ordens do soberano.

2. Após reunir um exército e concentrar suas forças, ele deve conhecer todos os homens, armas e demais elementos antes de fixar o acampamento.

[Chang Yu afirma: "Este é o estabelecimento da harmonia e da confiança entre os superiores e os comandados antes de iniciar o combate"; e cita uma fala de Wu Tzu: "Sem harmonia no Estado, não se pode empreender qualquer ação militar; sem harmonia no exército, não se pode formar qualquer plano de batalha". Em um romance histórico, Sun Tzu aparece falando a Wu Yuan: "Como regra geral, os que estão em combate devem estar livres de problemas domésticos antes de investir contra o inimigo externo".]

3. Em seguida, vêm as manobras estratégicas, e não há nada mais árduo.

[Desvio-me um pouco da interpretação tradicional de Ts'ao Kung, que diz: "Da hora em que recebemos as instruções do soberano até o nosso acampamento em lugar vantajoso em relação ao inimigo, devemos buscar as manobras mais árduas". Parece-me que é difícil dizer que as táticas ou manobras começaram antes que o exército tenha partido e acampado, e a observação de Ch'ien Hao dá veracidade a essa visão: "Para organizar, concentrar, harmonizar e entrincheirar um exército, há muitas regras antigas de utilidade. A dificuldade real ocorre quando começamos as operações táticas". Tu Yu também nota que "a grande dificuldade é chegar antes do inimigo e ficar em posição favorável para atacar".]

O difícil é fazer que o tortuoso seja o mais direto possível, e a falta de sorte seja convertida em vantagem.

[Essa frase contém uma daquelas expressões altamente condensadas e um tanto quanto enigmáticas que Sun Tzu tanto aprecia. Ts'ao Kung explica: "Faça parecer que você está muito distante, e então percorra a distância rapidamente e chegue ao local antes do seu oponente". Tu Mu sugere: "Engane o inimigo, levando-o a ser negligente e vagaroso enquanto você arranca com velocidade máxima". Ho Shih traz uma breve alteração: "Embora você possa ter dificuldade na movimentação das tropas devido ao próprio terreno e aos obstáculos naturais, você pode transformar tal desvantagem em real vantagem a seu favor, imprimindo mais velocidade à marcha". Encontramos ótimos exemplos em duas passagens pelos Alpes que entraram para a História — a de Aníbal, que deixou a Itália à sua mercê, e a de Napoleão, dois mil anos depois, que resultou na grande vitória em Marengo.]

4. Portanto, tomar um caminho longo e tortuoso, após ter atraído o inimigo fora dele e, ainda que tenha partido depois dele, conseguir alcançar o objetivo antes revela conhecimento da arte de encurtar distâncias.

[Tu Mu cita a famosa marcha de Chao She em 270 a.C. para socorrer a cidade de O-yu, fortemente cercada por um exército Ch'in. O Rei de Chao consultou, primeiramente, Lien P'o sobre a conveniência desse socorro, mas Lien P'o disse que a distância era enorme e que o caminho até lá era irregular e difícil. Sua Majestade, então, voltou-se para Chao She, que admitira totalmente a natureza perigosa da marcha, mas que finalmente disse: "Seremos como dois ratos brigando em um espaço — e o mais corajoso vencerá!".

Assim, deixou a capital com o seu exército, e, após percorrer pequena distância, parou e começou a cavar trincheiras. Durante 28 dias, fortaleceu as trincheiras e providenciou que espiões levassem notícias ao inimigo. O general Ch'in ficou extremamente feliz e concluiu que a morosidade do inimigo se devia à localização da cidade sitiada no Estado de Han, e não em território Chao. Os espiões mal haviam partido quando Chao She começou uma marcha forçada, que durou dois dias e uma noite. Ao chegar no campo de batalha com impressionante rapidez, conseguiu ocupar uma posição de comando na "Colina do Norte" antes que o inimigo soubesse dos seus movimentos. As tropas de Ch'in foram derrotadas de forma esmagadora e obrigadas a uma retirada às pressas de O-yu até o outro lado da fronteira.]

5. Manobrar um exército é vantajoso; manobrar uma multidão indisciplinada é um grande perigo.

[Adoto a interpretação do texto *T'ung tien*, de Cheng Yu-hsien, e do *T'u shu* (antigo jogo para treinamento militar), pois eles parecem aplicar a mesma sutileza exigida para fazer sentido. Os comentaristas que usam os textos clássicos acreditam que essa linha mostra que as manobras podem ser produtivas ou perigosas: tudo depende da habilidade do general.]

6. Se você posiciona um exército em marcha, equipado suficientemente para tentar tirar alguma vantagem, provavelmente chegará tarde demais. Em contrapartida, destacar uma tropa volante para o mesmo propósito significa o sacrifício de bagagens e da artilharia.

[Algumas partes do texto em chinês são ininteligíveis para os comentaristas chineses, que parafraseiam a frase. Apresento minha própria tradução sem muito entusiasmo, convencido de que há alguma alteração bem entranhada no texto. No geral, está claro que Sun Tzu não aprova que se realize uma longa marcha sem provisões. *Cf. abaixo § 11.*]

7. Caso ordene a seus homens que enrolem seus uniformes para o frio (tais como jaquetas de couro de búfalo), e marchem de forma forçada sem parar um único dia ou noite, cobrindo duas vezes a distância usual de uma vez só,

[SegundoTu Mu, um dia de marcha ordinária seriam 15 km; mas, em certa ocasião, ao perseguir Liu Pei, conta que Ts'ao Ts'ao cobriu a incrível distância de 150 km em vinte e quatro horas.]

e caminhando 50 km para levar vantagem, os líderes de todas as três divisões cairão nas mãos do inimigo.

8. Com os homens mais fortes na linha de frente e os cansados na retaguarda, apenas um décimo de suas tropas chegará ao destino.

[Moral da história, segundo Ts'ao Kung e outros: não marche 50 km para ganhar uma vantagem tática, com ou sem bagagens. As manobras aqui descritas devem ser restritas a curtas distâncias. Stonewall Jackson disse: "Os obstáculos das marchas forçadas são frequentemente mais dolorosos do que os perigos da batalha". Não era habitual que ele exigisse de suas tropas esforços extraordinários. Isso só acontecia quando ele planejava uma surpresa, ou quando uma retirada rápida era absolutamente necessária; só então sacrificava tudo pela rapidez. [1]]

9. Caso marche 25 km para enganar o inimigo, você poderá perder o comandante da primeira divisão, e apenas metade de sua força alcançará o objetivo.

[Literalmente, "o comandante da primeira divisão será executado".]

10. Caso marche 15 km com o mesmo objetivo, apenas dois terços de suas tropas chegarão.

[No *T'ung tien* há o seguinte adendo: "Dessa forma compreendemos a dificuldade das manobras estratégicas".]

11. As manobra estratégicas devem ser realizadas quando o exército perde suas bagagens, provisões ou as bases de suprimento.

[Acho que Sun Tzu queria dizer "estoques guardados em depósitos". Mas Tu Yu diz "alimento para os animais, etc.". Chang Yu define como "Cargas em geral" e Wang Hsi, "provisões, sal, gêneros alimentícios, etc.".]

12. Não podemos fazer alianças até que conheçamos os objetivos de nossos vizinhos.

13. Não estaremos preparados para comandar um exército em marcha a menos que estejamos familiarizados com o território — suas montanhas e florestas, perigos e precipícios, seus brejos e pântanos.

14. Não conseguiremos tirar proveito das vantagens oferecidas pela natureza a menos que contratemos serviços de guias locais.

[§ 12-14 são repetidos no capítulo XI § 52.]

15. Na guerra, pratique a dissimulação e você vencerá.

[Na tática de Turenne, a ilusão do inimigo, especialmente quanto à força numérica de suas tropas, valeu-lhe um ponto estratégico notável.] [2]

16. A reunião e a divisão das tropas são decididas pelas circunstâncias.

17. Seja rápido como o vento;

[A alegoria é duplamente apropriada, pois o vento não é apenas ligeiro, mas "invisível e não deixa vestígios", como ressalta Mei Yao-ch'en.]

sólido como a floresta.

[Meng Shih faz uma observação similar: "Quando marchando devagar, a ordem e a hierarquia devem ser preservadas" — para que todos estejam em estado de alerta contra qualquer ataque surpresa. No entanto, a floresta natural não cresce em filas organizadas, ainda que normalmente possua qualidades como densidade ou solidez.]

18. Quando atacar e saquear, seja como o fogo;

[Cf. *Shih ching*, IV. 3. iv. 6. "Feroz como o fogo, que nenhum homem consegue deter."]

na imobilidade, seja como uma montanha.

[Ou seja, quando estiver em uma posição da qual o inimigo tenta expulsá-lo; ou talvez, como Tu Yu sugere, quando ele está tentando atraí-lo para uma armadilha.]

19. Que seus planos sejam escuros e impenetráveis como a noite; e, quando se mover, caia como um relâmpago.

[Tu Yu cita uma fala interessante de T'ai Kung: "Não feche os ouvidos para o trovão ou os olhos para o relâmpago — são rápidos demais". Do mesmo modo, um ataque deve ser feito com a mesma rapidez para que não possa ser evitado.]

20. Após saquear uma região, deixe que os soldados dividam o produto apoderado entre eles;

[Ao insistir que tudo vá para um fundo comum, que depois possa ser dividido em partes iguais entre todos, Sun Tzu deseja diminuir os abusos do saque indiscriminado.]

sempre que capturar um novo território, divida-o em lotes e os distribua igualmente aos soldados.

[Ch'en Hao aconselha a "dividir a terra entre os soldados e nela deixá-los semear e plantar". Ao agir de acordo com esse princípio, e permitir que fizessem colheitas nas terras invadidas, os chineses conseguiram executar algumas de suas expedições memoráveis e triunfantes; como a de Pan Ch'ao, que chegou ao mar Cáspio, e, tempos depois, as de Fu-k'ang-an e Tso Tsung-t'ang.]

21. Pondere e delibere antes de fazer qualquer movimento.

[Chang Yu cita Wei Liao Tzu, que teria dito que não devemos levantar acampamento antes de ter conquistado o poder de resistência do inimigo e a inteligência do general inimigo. Cf. as "sete comparações" em I § 13.]

22. Quem consegue aprender o estratagema vencerá, pois terá aprendido o artifício do desvio.

[Veja § 3, 4.]

Assim é a arte da manobra.

[Com essas palavras, o capítulo naturalmente chegaria ao fim. Entretanto, segue-se um longo apêndice na forma de um extrato de um livro antigo sobre "guerra", agora perdido, mas aparentemente existente na época em que Sun Tzu escreveu. O estilo desse fragmento diverge muito do utilizado pelo próprio Sun Tzu, mas nenhum comentarista duvida de sua legitimidade.]

23. O Livro de Administração do Exército diz:

[É significativo o fato de que os antigos comentaristas não nos tenham fornecido qualquer informação desta obra. Mei Yao-Ch'en descreve-o como "um clássico do militarismo antigo", e Wang Hsi, "um livro velho sobre guerra". Ao levar em conta o grande número de conflitos que se haviam estendido por muitos séculos entre os vários reinos e principados da China, antes da época de Sun Tzu, é difícil duvidar da existência de um acervo de máximas militares feito com anotações de alguma época anterior.]

No campo de batalha,

[Implícito, embora não no chinês.]

a palavra escrita não vai muito longe: por conseguinte, o uso de gongos e tambores. O mesmo ocorre com os objetos comuns, que não são vistos claramente a distância: por conseguinte, o uso de flâmulas e bandeiras.

24. Gongos e tambores, flâmulas e bandeiras são formas de fixar os ouvidos e os olhos da multidão em um determinado ponto.

[Chang Yu afirma: "Se a visão e a audição convergem simultaneamente para o mesmo objeto, a movimentação de um milhão de soldados será como a de um único homem".]

25. Com a multidão sob forma de uma massa única, tanto os corajosos quanto os covardes ficam impossibilitados de avançar ou bater em retirada sozinhos, respectivamente.

[Chuang Yu faz uma citação: "Igualmente culpados são os que avançam ou recuam contra as ordens". Tu Mu conta uma história sobre essa conexão de Wu Ch'i, quando lutava contra o Estado de Ch'in. Antes do início da batalha, um de seus homens, de incomparável ousadia, resolveu atacar sozinho, degolou dois inimigos, e trouxe as cabeças para o acampamento. Wu Ch'i imediatamente ordenou a execução do soldado, e um oficial aventurou-se a protestar: "Este homem era um bom soldado e não deveria ter sido decapitado". Wu Ch'i retrucou: "Concordo que era um bom soldado, mas mandei executá-lo porque agiu por conta própria, sem ordem".]

Assim é a arte de liderar grandes multidões.

26. Durante um combate noturno, sinalize com fogo e tambores; durante o dia, use bandeiras e flâmulas para acostumar os ouvidos e os olhos do seu exército.

[Ch'en Hao faz rápida menção à movimentação noturna de Li Kuang-pi até Ho-yang, à frente de 500 homens montados a cavalo; eles fizeram uma exibição tão imponente com tochas que, embora Shih Ssu-ming, comandante dos rebeldes, tivesse um numeroso exército, não ousou impedir sua passagem.]

27. É possível roubar o espírito de um exército inteiro;

["Na guerra", diz Chang Yu, "se um espírito de raiva pode impregnar todos os postos de um exército ao mesmo tempo, seu ataque será esmagador. O espírito dos soldados do inimigo estará aguçado logo que chegarem ao campo de batalha, e, portanto, nossa sugestão é que não haja luta de imediato; deve-se esperar até que o ardor e o entusiasmo deles se tenham esvaído, e aí, sim, lutar! É dessa forma que dizemos que roubamos o espírito deles". Li Ch'uan e outros contam uma história [encontrada no Tso Chuan, ano 10, § 1] sobre Ts'ao Kuei, um protegido do Duque de Chuang, de Lu. O Estado de Lu fora atacado pelo de Ch'i, e o duque ia juntar-se à batalha em Ch'ang-cho. Após o primeiro rufo dos tambores do inimigo, Ts'ao disse: "Ainda não". Somente após o terceiro toque dos tambores, ele deu a ordem de ataque. Então eles lutaram, e os homens de Ch'i foram completamente derrotados. Mais tarde, questionado pelo duque sobre o motivo de sua demora, Ts'ao Kuei respondeu: "Na guerra, um espírito corajoso é tudo. Ao primeiro rufo de tambor, cria-se esse espírito, mas com o segundo ele diminui, e, após o terceiro, ele desaparece por completo. Ataquei quando o espírito deles não mais existia, enquanto o nosso estava forte. E então vencemos!". Entre as "quatro importantes influências" na guerra, Wu Tzu (capítulo 4) destaca o "espírito" em primeiro lugar, e prossegue: "O valor de um exército inteiro — uma poderosa multidão constituída por um milhão de pessoas — depende de um homem só: tal é a influência do espírito!".]

é possível roubar a presença de espírito de um comandante.

[Chang Yu afirma: "a presença de espírito é o bem mais importante do general. É a qualidade que o capacita a estabelecer ordem no caos e a inspirar coragem nos apavorados". O grande General Li Ching (571–649 d.C.) tem um dito: "Combater não significa simplesmente atacar cidades fortificadas ou atacar um exército em formação de combate; combater inclui a arte de atacar o equilíbrio mental do inimigo".]

28. O espírito de um soldado é cheio de entusiasmo pela manhã;

[Contanto que tenha tomado o café da manhã. Um absurdo: na Batalha de Trébia, permitiu-se que os romanos lutassem em jejum, enquanto os homens de Aníbal estavam bem alimentados e descansados. Veja Livy, XXI, liv. 8, IV. 1 e 8.]

ao meio-dia, começa a enfraquecer; à noite, sua mente está focada tão somente em retornar ao acampamento.

29. Assim, um general inteligente escapa de um exército cujo espírito está aguçado, mas ataca-o quando está ocioso e inclinado a retornar. Essa é a arte de estudar temperamentos.

30. Disciplinado e calmo, espere o aparecimento do caos e da algazarra entre os inimigos: essa é a arte de conservar o autocontrole.

31. Esteja próximo do objetivo enquanto o inimigo está longe dele; espere descansado enquanto o inimigo trabalha e luta; esteja bem alimentado quando o inimigo estiver faminto: essa é a arte de poupar forças.

32. Não intercepte um inimigo cujas flâmulas estejam em perfeita ordem; não ataque um exército que esteja calmo e confiante: essa é a arte de estudar as circunstâncias.

33. É uma premissa militar não investir contra o inimigo na subida de uma colina nem confrontá-lo na descida.

34. Não persiga um inimigo que simule fuga; não ataque soldados de temperamento entusiasmado.

35. Não engula a isca oferecida pelo inimigo.

[Li Ch'uan e Tu Mu, cuja extraordinária incompetência para metáforas é notável, traduzem esse trecho como: a comida e a bebida foram envenenadas pelo inimigo. Ch'en Hao e Chang Yu com cuidado indicam que tais palavras possuem aplicação mais abrangente.]

Não se intrometa com um exército que esteja voltando para casa.

[Os comentaristas explicam esse conselho singular: um homem cujo coração esteja concentrado na volta para casa, lutará até a morte contra qualquer tentativa de bloqueio em seu caminho. Portanto, é perigoso demais parar um oponente em tais condições. Chang Hu cita as palavras de Han Hsin: "Invencível é o soldado que tem como desejo voltar para casa (para a pátria)". Conta-se uma história maravilhosa a respeito da coragem e da inteligência de Ts'ao Ts'ao, no capítulo 1 do *San kuo chi*: Em 198 d.C., ao sitiar Chang Hsiu, em Jang, quando Liu Piao mandou reforços com vistas a isolar a retirada de Ts'ao, foi obrigado a retirar suas tropas; no fim, viu-se em meio a dois inimigos que vigiavam cada saída de uma passagem estreita na qual ele se viu preso. Em apuros, Ts'ao esperou até o anoitecer, quando abriu um túnel até o lado da montanha e preparou uma emboscada. Após a passagem do exército inteiro, as tropas escondidas caíram na sua retaguarda; enquanto isso, Ts'ao virou-se e ficou cara a cara com seus perseguidores, que ficaram perplexos e foram aniquilados. Posteriormente, Ts'ao Ts'ao disse: "Os bandidos tentaram impedir a retirada do meu exército e me forçar a lutar em circunstâncias desesperadoras, mas eu sabia como derrotá-los".]

36. Ao cercar um exército, deixe uma saída livre.

[Isso não significa permitir que o inimigo escape. O objetivo, segundo Tu Mu, é "fazê-lo acreditar que aquela é uma passagem segura, evitando que lute com a coragem do desespero". Tu Mu acrescenta: "Depois disso, você o esmagará".

Não pressione demais um inimigo desesperado.

[Ch'en Hao cita a seguinte máxima: "As aves e as feras, quando não têm escapatória, usam as garras e os dentes". Chang Yu afirma: "Se seu inimigo já queimou os próprios barcos, destruiu as panelas, e está pronto para apostar tudo na batalha, ele não deve ser empurrado para as extremidades". Ho Shih ilustra o significado da parábola com uma história oriunda da vida de Yen-ch'ing. Esse general, junto com o colega Tu Chung-wei, no ano 945 d.C, foi cercado por um exército altamente superior de Khitans. O território era descoberto e árido, e a pequena força chinesa logo ficou em apuros devido à necessidade de água. Os poços abertos logo secaram, e os homens tiveram de espremer blocos de lama para sugar a umidade. As tropas diminuíram rapidamente até que, por fim, Fu Yen-ch'ing exclamou: "Somos homens desesperados. Muito melhor morrer por nosso território do que seguir com as mãos acorrentadas para o cativeiro!". Uma forte ventania soprava do nordeste, e o céu ficava cada vez mais escuro com densas nuvens de areia. Para Chung-wei, significava esperar a situação abrandar antes de decidir um ataque final; mas, felizmente, um outro oficial, conhecido pelo nome de Li Shou-cheng, percebeu rapidamente uma oportunidade e disse: "Eles são muitos, e nós, uns poucos. Porém, no meio da tempestade de areia, nosso número não será percebido. Nós, os combatentes mais tenazes, venceremos, e o vento será o nosso melhor aliado". De fato, Fu Yen-ch'ing realizou uma investida repentina e totalmente inesperada com sua cavalaria, afugentou os bárbaros e conseguiu abrir caminho com segurança.]

37. Assim é a Arte da Guerra.

[1] Veja Col. Henderson, op. cit. vol. I. p. 426.

[2] Para várias máximas sobre esse dirigente, veja *Marshal Turenne* (Longmans, 1907), p. 29.

VIII. VARIAÇÕES ESTRATÉGICAS

[O título significa literalmente "As Nove Variações", mas como Sun Tzu parece não numerá-las, e como já observou [veja § 6-10/ 6-11] que tais deflexões do curso natural são praticamente inumeráveis, resta-nos apenas concordar com Wang Hsi, que afirma que "Nove" significa um número amplamente indefinido. Para Chang Yu: "Apenas significa que, em uma guerra, devemos variar nossas estratégias o máximo possível. Não sei o que Ts'ao Kung entende por Nove Variações, mas infere-se que elas estejam associadas às Nove Situações (do capítulo XI)". A outra alternativa possível é supormos que algo foi perdido — suposição formulada devido à brevidade do capítulo.]

1. Sun Tzu disse: Na guerra, o general recebe os comandos do soberano, reúne o exército e concentra suas forças.

[Repetição do capítulo VII § 1, trecho em que a citação certamente está melhor localizada. Deve ter sido inserida aqui apenas para iniciar o capítulo.]

2. Em território desconhecido, não acampe. Em território onde há o cruzamento de várias estradas, una-se aos seus aliados. Não permaneça em posições de perigo isoladas.

[A última situação não faz parte das Nove Situações mencionadas no início do capítulo XI, mas ocorre mais tarde [*ibid.* § 43, q.v.]. Chang Yu observa que essa é uma situação que ocorre do outro lado da fronteira, em território hostil. Li Ch'uan alega que essa situação ocorre num "território em que não há fontes ou poços de água, rebanhos ou gado, vegetação ou lenha"; Chia Lin diz que é um lugar "constituído de desfiladeiros, abismos e precipícios, sem estradas pelas quais avançar".]

Quando estiver em uma situação difícil, recorra ao estratagema. Quando estiver em uma situação desesperadora, lute.

3. Há estradas que não devem ser usadas,

["Especialmente aquelas que terminam em desfiladeiros", diz Li Ch'uan, "onde há a possibilidade de uma emboscada".]

exércitos que não devem ser atacados,

[Talvez fosse mais correto dizer que "há momentos em que um exército não deve ser atacado". Ch'en Hao diz: "Quando você busca obter vantagem sobre seu inimigo, mas não tem a força necessária para derrotá-lo por completo, não ataque, pois poderá enfraquecer seus homens".]

cidades que não devem ser sitiadas,

[No capítulo III § 4, Ts'ao Kung faz uma ilustração interessante a partir de sua própria experiência. Ao invadir a região de Hsu-chou, ignorou a cidade de Hua-pi, que estava em seu caminho, e seguiu diretamente para o coração do território. Essa excelente estratégia foi recompensada com a subsequente captura de quatorze cidades importantes. Chang Yu anuncia: "Nenhuma cidade deve ser atacada se, quando tomada, não puder ser defendida; ou se, quando ignorada, não vier a causar problemas". Hsun Ying, quando encorajado a atacar Pi-yang, respondeu: "A cidade é pequena e bem fortificada; mesmo que eu consiga tomá-la, não será um grande feito; no entanto, se tentar e falhar, serei ridicularizado". No século XVII, o ato de sitiar continuou sendo muito utilizado. Foi Turenne quem observou a importância das marchas, contramarchas e manobras. Ele disse: "É um grande erro perder soldados para tomar uma cidade, quando podemos perder a mesma quantidade capturando uma província".] [1]

posições que não devem ser contestadas, comandos soberanos que não devem ser obedecidos.

[É difícil para um chinês afirmar isso, em razão do grande respeito à autoridade. Wei Liao Tzu (citado por Tu Mu) é levado a dizer: "Armas são instrumentos malignos, a discórdia é contrária à virtude, um comandante militar é a negação da ordem civil!". Mas o fato desagradável permanece, ainda que os desejos imperiais devam ser subordinados à necessidade militar.]

4. O general que compreende inteiramente as vantagens da variação de estratégias sabe como liderar suas tropas.

5. O general que não compreende essas vantagens pode até conhecer bem o território, mas não será capaz de usar tal conhecimento de forma prática.

[Literalmente, "tomar a vantagem do terreno" quer dizer adquirir posições estratégicas e ser beneficiado por todas as vantagens possíveis. Chang Yu diz: "Todo tipo de terreno é caracterizado por traços naturais específicos, e também oferece alternativas para uma variedade de estratégias. Como é possível utilizar tais características naturais em benefício próprio, se o conhecimento topográfico não é suplementado pela versatilidade da mente?".]

6. Portanto, o inexperiente na arte de variar estratégias, mesmo conhecedor das Cinco Vantagens, fracassará ao fazer o melhor uso de seus soldados.

[Chia Lin observa que estas são cinco linhas de ação óbvias e vantajosas: "Se uma estrada é curta, deve ser seguida; se um exército está isolado, deve ser atacado; se uma cidade está enfraquecida, deve ser sitiada; se uma posição pode ser conquistada, deve-se tentar; e, se estiverem de acordo com as operações militares, as ordens do soberano devem ser obedecidas. Mas há circunstâncias momentâneas que proíbem um general de usar tais vantagens. Por exemplo, uma determinada estrada pode parecer o caminho mais curto, mas se o general souber que ela está cheia de obstáculos naturais, ou que o inimigo preparou uma emboscada, não irá segui-la; ou, uma força hostil pode estar vulnerável a um ataque, mas, se o general souber que ela está sobrecarregada, e que provavelmente lutará com desespero, não irá atacá-la, e assim por diante.]

7. Nas estratégias de um líder sábio, os fatores favoráveis e os desfavoráveis serão sempre analisados em conjunto.

["Quando em vantagem ou desvantagem", diz Ts'ao Kung, "o estado oposto deve ser sempre levado em consideração".]

8. Se a nossa expectativa de vantagem for ordenada dessa maneira, poderemos ter sucesso no cumprimento da parte essencial dos nossos planos.

[Tu Mu delibera: "Se quisermos conquistar alguma vantagem sobre o inimigo, não devemos concentrar-nos apenas nisso, mas também na possibilidade de nós mesmos estarmos em desvantagem, e permitir que isso entre em nossos cálculos".]

9. Se, por outro lado, estivermos sempre prontos para agarrar uma vantagem em meio às dificuldades, poderemos evitar infortúnios.

[Tu Mu diz: "Se é de meu desejo escapar de uma situação perigosa, preciso considerar tanto a habilidade do inimigo em me atingir quanto a minha própria habilidade de obter uma vantagem sobre ele. Se, em minhas deliberações, essas duas considerações forem corretamente combinadas, posso conseguir escapar com sucesso. Se eu estiver, por exemplo, cercado pelo inimigo e pensar somente em escapar, minha política neutra fará que ele me persiga e esmague; seria muito melhor encorajar meus soldados a efetuarem um contra-ataque ousado, e utilizar a vantagem conquistada para me libertar das garras do inimigo". Veja a história de Ts'ao Ts'ao, capítulo VII § 35, nota.]

10. Freie a hostilidade dos comandantes inimigos causando-lhes sofrimento;

[Chia Lin enumera as várias formas de se causar sofrimento ao inimigo, algumas que ocorreriam apenas a uma mente oriental: "Destitua seu inimigo dos seus melhores e mais sábios homens, fazendo que ele fique sem conselheiros. Facilite o aparecimento de traidores onde a política governamental é considerada fútil. Fomente a intriga e a falsidade, plantando a discórdia entre o soberano e seus ministros. Por meio de artifícios enganosos, provoque o desentendimento entre seus homens e a consumação do seu tesouro. Corrompa sua moral com presentes insidiosos, levando-o ao excesso. Perturbe e confunda sua mente, presenteando-o com adoráveis mulheres". Chang Yu (após Wang Hsi) aqui discorda da interpretação de Sun Tzu: "Atraia o inimigo para uma posição em que sofrerá baixas e ele pedirá rendição por conta própria".]

e prejuízo,

[Tu Mu alega que devemos infligir danos às "posses" do inimigo; ou, como diríamos, "espólios", que ele considera ser "um grande exército, um rico tesouro, a harmonia entre os soldados, um exato cumprimento de ordens". Esses chamados "espólios" nos garantem grande vantagem sobre o inimigo.]

mantendo-os constantemente ocupados;

[Literalmente, "ponha o inimigo em suas mãos"; e, como disse Tu Yu, "tire dele a tranquilidade".]

ofereça vantagens ilusórias e faça-os correr de forma aleatória.

[A observação de Meng Shih contém um excelente exemplo do uso idiomático de: "faça que eles esqueçam *pien* (razões para não agirmos no primeiro impulso), e venham apressadamente em nossa direção".]

11. A Arte da Guerra não nos ensina a confiar que o inimigo não venha, mas, sim, a confiar em nossa capacidade de enfrentá-lo e não contar com a possibilidade de que ele não ataque, mas com o fato de que estamos em posição inatacável.

12. Há cinco erros perigosos que podem abalar um general:

(1) a negligência, que leva à destruição;

["A coragem sem prudência", como observa Ts'ao Kung, "faz que um homem lute cego e desesperadado como um touro bravo". "Esse tipo de inimigo", diz Chang Yu, "não deve ser enfrentado com força bruta, mas atraído para uma emboscada e exterminado". Veja Wu Tzu, no início do capítulo IV: "Ao estimar o caráter de um general, os soldados darão mais atenção à sua coragem, esquecendo que ela é apenas um dos muitos atributos que um general capaz deveria possuir. Um homem meramente corajoso tende a lutar com negligência; o que luta com negligência, sem qualquer percepção do que é apropriado, deve ser condenado". Ssu-ma Fa faz também uma observação incisiva: "Simplesmente marchar para a morte não significa conquistar a vitória".]

(2) a covardia, que leva à captura;

[Ts'ao Kung define a palavra chinesa, aqui traduzida como "covardia", como sendo a do homem "cuja timidez o impede de avançar e conquistar uma vantagem". Para Wang Hsi significa "aquele que é rápido para fugir no primeiro sinal de perigo". Meng Shih observa algo parecido, "aquele que pretende voltar vivo", ou seja, o homem que nunca se arriscará. No entanto, como Sun Tzu sabia, nada pode ser alcançado na guerra se você não estiver disposto a se arriscar. T'ai Kung disse: "Aquele que deixa uma vantagem escapar causará a si mesmo uma verdadeira desgraça". Em 404 d.C., Liu Yu perseguiu o rebelde Huan Hsuan até o rio Yangtse e travou uma batalha naval com ele na ilha de Ch'eng-hung. O exército leal de Liu Yu era constituído de alguns milhares de soldados, enquanto o inimigo possuía força muito superior. Mas, Huan Hsuan, temendo o destino que o aguardava se fosse superado por seu inimigo, posicionou um pequeno barco próximo ao campo de batalha, para que pudesse fugir se necessário. Como já era esperado, o espírito de luta dos seus soldados foi completamente aniquilado; e, quando os legalistas atacaram a favor do vento com navios de fogo, todos lutando arduamente para vencer, as forças de Huan Hsuan foram afugentadas e obrigadas a gastar todos os seus suprimentos, fugindo dois dias e duas noites sem parar. Chang Yu conta uma história semelhante a respeito de Chao Ying-ch'i, um general do Estado de Chin, que, durante uma batalha contra o exército de Ch'u em 597 a.C., mantinha um barco escondido para ser o primeiro a atravessar o rio em caso de derrota.]

(3) o temperamento explosivo, que pode ser provocado com insultos;

[Tu Mu relata que, quando Yao Hsing foi desafiado por Huang Mei em 357 d.C., Teng Ch'iang e outros se recusaram a lutar. Teng Ch'iang disse: "Nosso inimigo tem um temperamento colérico e pode ser facilmente provocado; vamos investir contra ele e quebrar suas muralhas, para que na sua raiva venha ao nosso encalço. Uma vez que suas forças forem atraídas para o combate, serão uma presa fácil". E o plano deu certo; assim que Yao Hsiang e suas forças saíram para a luta, acabaram por ser atacados e aniquilados.]

(4) a fragilidade da honra, que é sensível à vergonha;

[Isso não quer dizer que o sentido de honra é realmente um defeito do general. O que Sun Tzu condena mais é a sensibilidade excessiva a relatos caluniosos; o homem esquelético é insultado desmerecidamente. Mei Yao-ch'en reflete cuidadosamente, embora de forma um tanto paradoxal: "A busca pela glória deve ser indiferente à opinião pública".]

(5) a solicitude excessiva com seus homens, que o expõe a preocupações e problemas.

[Novamente, Sun Tzu não quer dizer que o general deve negligenciar as necessidades do seu exército. O que ele quer enfatizar aqui é o perigo de se sacrificar uma vantagem militar importante, visando apenas o conforto provisório dos seus soldados. Essa é uma política ineficiente, pois, a longo prazo, seus homens irão sofrer muito mais com a derrota, ou, no mínimo, com a extensão da guerra que virá como consequência. Com frequência, um sentimento errado de pena induz um general a libertar uma cidade sitiada, ou a reforçar um destacamento intensamente atacado, fazendo-o ir contra seus instintos militares. Agora já se admite que os esforços para libertar Ladysmith durante a Guerra Sul-Africana apresentaram muitos erros estratégicos que nos levaram ao fracasso. No fim, a liberdade veio pelas mãos do homem que resolveu não mais subordinar os interesses da maioria a favor da minoria. Lembro-me que um soldado veterano de um de nossos generais, que foi um grande fracasso nessa guerra, tentou defendê-lo, dizendo que ele sempre fora "muito bom para seus homens". Com essa defesa, ele nem fazia ideia de que seria veemente criticado por Sun Tzu.]

13. Esses são os cinco pecados habituais de um general, desastrosos para a condução de uma guerra.

14. Quando um exército é derrotado e seu líder executado, o motivo certamente está entre essas cinco falhas perigosas. Que elas sejam um assunto para meditação.

[1] *Marshal Turenne*, p. 50.

IX. O EXÉRCITO EM MARCHA

[Os conteúdos deste interessante capítulo são melhor indicados no § 1.]

1. Sun Tzu disse: Chegamos ao acampamento do exército e à observação dos sinais do inimigo. Passe rápido pelas montanhas e permaneça próximo aos vales.

[A ideia é não se demorar nos planaltos áridos, mas ficar perto das guarnições de água e alimentos para os animais. De acordo com Wu Tzu, capítulo 3: "Não acampe em fornos naturais", ou seja, "nos lugares abertos dos vales". Chang Yu conta a seguinte história: Wu-tu Ch'iang era o chefe de um bando de ladrões no último período da dinastia Han. Ma Yuan foi enviado para exterminar o bando. Quando Ch'iang encontrou refúgio nas colinas, Ma Yuan, ao contrário de forçar uma luta, aproveitou a posição favorável para controlar os suprimentos de água e feno. Ch'iang logo ficou em apuros, pois via suas provisões escassearem, e acabou sendo obrigado a uma rendição total. Ele não conhecia a vantagem de ficar na proximidade dos vales.]

2. Organize o acampamento em locais altos,

[Não em colinas altas, mas em outeiros ou pequenas elevações acima da região circundante.]

de frente para o Sol.

[A interpretação de Tu Mu é "em direção sul", e a de Ch'en Hao, "em direção leste".]

[Cf. abaixo § 11, 13.]

Não escale alturas para lutar. Agora já sabemos o suficiente sobre guerra nas montanhas.

3. Depois de atravessar um rio, afaste-se dele.

["Para incitar o inimigo a atravessar depois de você", escreve Ts'ao Kung, e Chang Yu completa: "para não ser atrasado em suas movimentações". Lê-se no *T'ung tien*: "se o inimigo cruza um rio, etc.". Porém, levando em conta a frase seguinte, isso é praticamente uma interpolação.]

4. Quando a força invasora atravessa um rio, não avance para encontrá-la em meio à correnteza. O melhor é deixar que a metade do exército atravesse, e só então atacar.

[Li Ch'uan faz alusão à grande vitória de Han Hsin sobre Lung Chu, no rio Wei. Voltemos para *Ch'ien han shu*, no capítulo 34, fol. 6 verso, onde encontramos a seguinte descrição da batalha: Os dois exércitos estavam frente a frente, cada um em uma margem do rio. À noite, Han Hsin ordenou que seus homens pegassem uns dez mil sacos cheios de areia e construíssem uma barragem. Em seguida, conduzindo metade do seu exército, atacou Lung Chu; no entanto, depois de algum tempo fingindo ter fracassado em sua tentativa, recuou rapidamente para a outra margem. Lung Chu, exultante com tal sucesso inesperado, exclamou: "Tenho certeza de que Han Hsin foi realmente um covarde!" — que por sua vez foi perseguido e começou a atravessar o rio. Então, Han Hsin enviou um destacamento para abrir os sacos de areia, ação que provocou o derramamento de um grande volume de água que inundou tudo e impediu que a maior parte do exército de Lung Chu conseguisse atravessar. Em seguida, dirigiu-se com raiva contra a força que havia sido isolada e aniquilou-a. Entre os mortos, estava o próprio Lung Chu. O resto do exército, na margem mais afastada, também se espalhou e fugiu em direções aleatórias.]

5. Se estiver ansioso para lutar, não vá ao encontro do invasor perto de um rio por onde ele tenha de atravessar.

[Por receio de impedir que ele atravesse.]

6. Amarre o seu barco em posição superior ao do inimigo e de frente para o Sol.

[Veja § 2. A repetição dessas palavras em relação à água é muito estranha. Chang Yu tem uma observação: "Fala-se ou das tropas em manobra à margem do rio, ou dos barcos atracados na própria corrente; em qualquer caso, é fundamental estar em posição superior à do inimigo e de frente para o Sol". Os outros comentaristas não são tão explícitos.]

Não suba a correnteza para ir de encontro ao inimigo.

[Diz Tu Mu: "Como a água flui em declive, não devemos erigir nosso acampamento nas terras baixas de um rio, por receio de que o inimigo abra as barragens e, assim, que sejamos levados pela inundação". Chu-ko Wu-hou salienta que 'na guerra fluvial não devemos avançar contra a correnteza', que é o mesmo que dizer que nossa frota não deve ser atracada em local abaixo do escolhido pelo inimigo, pois, assim, ele seria capaz de aproveitar a vantagem da corrente e terminar rapidamente conosco". Outros comentaristas advertem: há também o perigo de que o inimigo venha a colocar veneno na água que ainda chegará a nós com a correnteza.]

Agora já sabemos o suficiente sobre guerra fluvial.

7. Em pântanos de sal, a única preocupação deve ser atravessá-los rapidamente, sem qualquer demora.

[Por causa da falta de água fresca, da qualidade pobre da pastagem e, por último, da sua posição baixa, plana e exposta ao ataque.]

8. Caso forçado a lutar em um pântano de sal, haverá água e grama à sua volta; tente ficar rodeado por árvores.

[Li Ch'uan observa que o terreno provavelmente não será traiçoeiro onde houver árvores; enquanto Tu Mu diz que elas servirão para proteger sua retaguarda.]

Isso é o suficiente sobre manobras em um pântano de sal.

9. Em um território plano e seco, escolha uma posição de fácil acesso com terras elevadas à direita e na retaguarda,

[Tu Mu cita T'ai Kung: "Um exército deve sempre ter uma corrente de água ou um pântano à sua esquerda; e uma colina ou um monte à direita".]

para que o perigo esteja à frente e a segurança, atrás. Isso é tudo sobre manobras em um território plano.

10. São as quatro ramificações mais úteis do conhecimento militar

[Ou seja: (1) Montanhas; (2) Rios; (3) Pântanos; e (4) Planícies, assim comparadas à "máxima militar de Napoleão", número 1.]

que permitiram ao Imperador Amarelo a conquista de vários reinados.

[Em relação ao "Imperador Amarelo": Mei Yao-ch'en pergunta, com alguma plausibilidade, se há um erro no texto, pois nada se sabe sobre Huang Ti ter conquistado outros quatro Impérios. O *Shih chi* (capítulo I) fala apenas de suas vitórias sobre Yen Ti e Ch'ih Yu. No *Liu t'ao*, há uma referência sobre ele ter lutado setenta batalhas e pacificado o Império. Ts'ao Kung explica que o Imperador Amarelo foi o primeiro a instituir o sistema feudal de príncipes vassalos, em que cada um (quatro, no máximo) originalmente sustentava o título de imperador. Li Ch'uan observa que *A Arte da Guerra* surgiu durante o reinado de Huang Ti, que a recebeu do seu Ministro Feng Hou.]

11. Todos os exércitos preferem os terrenos altos aos baixos

["Um terreno elevado", diz Mei Yao-ch'en, "não é apenas mais agradável e saudável, também é mais conveniente do ponto de vista militar; um terreno baixo não é apenas úmido e insalubre, mas também desvantajoso para a luta".]

e locais ensolarados aos escuros.

12. Se você se preocupa com seus homens,

[Ts'ao Kung diz: "Busque água fresca e vegetação para seus animais pastarem".]

acampe em terrenos secos, pois eles ficarão longe de vários tipos de doença,

[Chang Yu observa que "O clima seco evitará o surto de doenças".]

e isso significará a vitória.

13. Quando chegar a uma colina ou barragem, ocupe o lado ensolarado, com a inclinação apontando para a sua retaguarda direita. Utilizando as vantagens naturais do terreno, você agirá com rapidez e benefíciará seus soldados.

14. Quando, em razão das chuvas pesadas, um rio que você deseja atravessar estiver transbordando, espere até que a água volte ao nível normal.

15. Um território repleto de penhascos com torrentes passando entre eles, cavidades naturais profundas,

[Essas cavidades são "locais fechados por todos os lados por declives abruptos, e com poças de água na parte inferior.]

locais fechados,

[Definidos como "cercados naturais ou prisões" ou "locais cercados por precipícios em três lados — fáceis de entrar mas difíceis de sair".]

matagais cerrados,

[Definidos como "locais cobertos com uma vegetação tão densa que lanças não podem ser usadas".]

pântanos

[Definidos como "locais planos e cheios de lama pesada, que torna o caminho intransitável para carroças e homens a cavalo".]

e fendas

[Definidas por Mei Yao-ch'en como "passagens estreitas entre penhascos". Para Tu Mu são "terrenos cobertos com árvores e rochas, divididos por inúmeras ravinas e buracos". A explicação é vaga, mas Chia Lin explica claramente que são como desfiladeiros ou passagens estreitas, e Chang Yu concorda. Resumindo, a maioria dos comentaristas certamente acredita que são "desfiladeiros". Mas, no idioma chinês, normalmente querem dizer "fendas ou fissuras"; o fato de o significado em chinês apontar em outras línguas algo como "desfiladeiros", creio que Sun Tzu quis dizer "fendas".]

deve ser abandonado rapidamente; e, se possível, evitado.

16. Ao nos afastarmos desses locais, devemos atrair o inimigo para perto deles; enquanto enfrentamos locais como esses, devemos fazer que os inimigos tenham esses locais em sua retaguarda.

17. Se nos arredores do seu acampamento houver algum território montanhoso, lagos cercados por grama aquática, bacias ocas cheias de palhas, ou florestas com vegetação rasteira espessa, contorne-os com cuidado; é justamente nesses locais que as emboscadas ocorrem, e também onde os espiões traiçoeiros normalmente se escondem.

[Chang Yu observa que "também devemos ficar atentos com traidores que estejam escondidos em abrigos próximos, observando secretamente nossas fraquezas e ouvindo nossas instruções."]

18. Quando o inimigo está próximo e em silêncio, ele está sujeito à camuflagem natural de sua posição.

[As observações de Sun Tzu sobre leitura de sinais começam aqui. Boa parte delas é tão boa que poderia ser incluída em um manual moderno como o *Aids to Scouting* (*Ajuda aos escoteiros*, tradução livre) do General Baden-Powell.]

19. Quando está longe e tenta provocar uma batalha, significa que está ansioso para que o outro lado avance.

[Provavelmente porque estamos em uma posição melhor, da qual ele quer que desalojar-nos. "Se ele se aproximar", diz Tu Mu, "e tentar forçar uma batalha, vai apenas demonstrar desprezo, e isso não é o suficiente para uma retaliação".]

20. Se o acampamento dele for de fácil acesso, ele está tramando algo.

21. Quando houver movimentação entre as árvores de uma floresta, ele está avançando.

[Ts'ao Kung explica a causalidade como "sentir as árvores abrindo passagem". Chang Yu reitera: "Sempre enviamos batedores para locais altos com o propósito de observar o inimigo. Se um batedor perceber que as árvores estão movendo-se ou balançando, saberá que elas estão sendo cortadas para abrir passagem para o exército inimigo".]

A aparição de abrigos em meio a grama espessa indica que o inimigo quer provocar suspeita.

[A explicação de Tu Yu, emprestada de Ts'ao Kung, é esta: "A presença de abrigos na vegetação grossa é um sinal certo de que o inimigo fugiu e, temendo perseguição, construiu esses esconderijos para fazer-nos suspeitar de uma armadilha". Parece que esses "abrigos" foram feitos apressadamente com a grama alta encontrada no local.]

22. O súbito levantar dos pássaros é sinal de emboscada.

[A explicação de Chang Yu é clara: "Quando os pássaros que estão voando em uma linha reta voam subitamente para cima, significa que há soldados escondidos na vegetação abaixo".]

Animais assustados indicam que um ataque está por vir.

23. Poeira levantando bem alto significa a aproximação de carroças; quando a poeira está baixa, mas se espalhando por uma vasta área, isso indica a aproximação da infantaria.

["Levantando bem alto" é uma descrição um tanto exagerada se aplicada à poeira. Os comentaristas explicam o fenômeno dizendo que cavalos e carroças, por serem mais pesados do que homens, levantam mais poeira; também seguem na mesma trilha, enquanto soldados marcham em formação organizada. De acordo com Chang Yu, "todo exército em marcha deve enviar batedores à frente; ao verem a poeira levantada pelo inimigo, voltarão rapidamente para alertar o comandante". Segundo o General Baden-Powell: "Ao seguir em frente, digamos, em um território hostil, seus olhos devem sempre observar a distância os sinais do inimigo: forma, poeira levantando, pássaros voando para o alto subitamente, brilho de armas, etc.".][1]

Quando a poeira se espalha por diferentes direções, provavelmente um destacamento foi enviado para coletar lenha. Algumas nuvens de poeira movendo-se para os lados indicam que o exército está acampado.

[Chang Yu observa que: "Em relação à defesa de um aquartelamento, um cavalo será enviado para observar a posição e apurar os pontos fracos e fortes por toda a circunferência. Assim como a pequena quantidade de poeira levantada e o seu deslocamento".]

24. Palavras modestas e aumento de preparativos são sinais de que o inimigo pretende avançar.

["Mesmo demonstrando muito medo", diz Tu Mu, "sua intenção é fazer que baixemos a guarda, para depois nos atacar". Chang Yu faz referência à história de T'ien Tan de Chi-mo contra as forças de Yen lideradas por Ch'i Chieh. No capítulo 82 do *Shih chi*, lemos: "T'ien Tan disse abertamente: 'Meu único medo é que o exército de Yen corte fora os narizes dos prisioneiros de Ch'i e coloque-os na linha de frente para lutar contra nós; isso seria a ruína de nossa cidade'. O outro lado, após ser informado dessa fala, agiu rapidamente como sugerido; mas aqueles que defendiam a cidade, ao verem seus compatriotas mutilados e temerem pelo mesmo destino, lutaram mais obstinados que nunca. Mais uma vez, T'ien Tan reenviou espiões que relataram as seguintes palavras ao inimigo: "O que eu mais temo é que homens de Yen cavem as tumbas que estão fora da cidade e, ao causarem essa indignação aos nossos antepassados, acabem por nos transformar em covardes". Em seguida, os sitiadores cavaram todos os túmulos, juntaram e queimaram todos os corpos. Os habitantes de Chi-mo testemunharam o sacrilégio das muralhas da cidade chorando de forma incontrolável; enquanto esperavam o momento da luta, sua fúria aumentava dez vezes. T'ien Tan percebeu que seus soldados estavam prontos para lutar até a morte. Mas, em vez de pegar uma espada, pegou um enxadão e ordenou que outros fossem distribuídos entre seus melhores guerreiros enquanto as linhas de combate eram formadas por suas esposas e concubinas. Depois, serviu todas as rações restantes e aconselhou seus homens a se fartarem. Os soldados comuns foram instruídos a ficarem escondidos, e as muralhas foram guarnecidas com mulheres e homens idosos e fracos. Feito isso, mensageiros foram enviados ao campo inimigo para negociar os termos de rendição, o que fez o exército de Yen berrar de alegria. T'ien Tan também coletou 567 mil gramas de prata do povo; depois enviou cidadãos ricos de Chi-mo para levar a prata para o general de Yen, pedindo que, quando a cidade fosse tomada, ele permitisse que suas casas fossem saqueadas e suas mulheres maltratadas. Ch'i Chieh, de muito bom humor, concedeu o pedido; mas seu exército agora estava totalmente relaxado e desatento. Enquanto isso, T'ien Tan juntou mil cabeças de gado, enfeitou-as com tiras de seda vermelha, pintou-as como se fossem dragões, com listras coloridas, e prendeu lâminas afiadas nos chifres e folhas grandes encharcadas com óleo no rabo. Ao cair da noite, colocou fogo na ponta dessas plantas e guiou as cabeças de gado pelos buracos que havia feito nas muralhas, com uma força de cinco mil guerreiros lhe dando cobertura. Os animais, furiosos com a dor, invadiram em fúria o acampamento do inimigo, causando uma tremenda confusão e consternação; seus rabos serviam como tochas, mostrando horríveis desenhos em seus corpos, lâminas presas aos chifres matavam ou feriam todos que encontravam no caminho. Enquanto isso, os cinco mil guerreiros amordaçados pulavam sobre o inimigo. Ao mesmo tempo, ruídos aterrorizantes ecoavam pela cidade. Todos aqueles que haviam permanecido faziam todo o barulho possível com tambores e martelos, deixando o céu e a terra estarrecidos e em alvoroço. Em meio ao terror, o exército de Yen fugiu desorganizado, perseguido de perto pelos homens de Ch'i que haviam executado seu general Ch'i Chien.

Essa batalha iniciou a recuperação de cerca de setenta cidades que estavam sob o domínio do Estado de Ch'i".]

Palavras de baixo calão e ameaças de ataque são sinais de que o inimigo pretende bater em retirada.

25. Quando os carros leves aparecem primeiro e ocupam uma posição nos flancos, é sinal de que o inimigo está pronto para lutar.

26. As propostas de paz não acompanhadas de um acordo indicam uma conspiração.

[A interpretação aqui é incerta. Li Ch'uan indica "um tratado confirmado por juramentos e reféns". Wang Hsi e Chang Yu, por outro lado, simplesmente dizem "sem motivo", "com pretexto fútil".]

27. Quando há muita correria

[Cada homem corre para o seu devido lugar, em obediência à flâmula do seu regimento.]

e os soldados se posicionam em fileiras, é chegado o momento crítico.

28. Quando uns são vistos avançando e outros recuando, trata-se de um engodo.

29. Quando os soldados estão curvados sobre suas lanças, estão a ponto de desmaiar de fome.

30. Se os que são enviados para arranjar água começarem a bebê-la, é sinal de que o exército está sedento.

[Como observa Tu Mu: "Conhecemos o estado de um exército inteiro a partir do comportamento de um único homem".]

31. Se o inimigo vê alguma vantagem e não se esforça para garanti-la, é sinal de que os soldados estão exaustos.

32. Se há pássaros reunidos em determinado ponto, tal local está desocupado.

[Tenhamos isso em mente quando, por exemplo, como no dizer de Ch'en Hao, o inimigo houver abandonado seu acampamento em segredo.]

O clamor à noite indica nervosismo.

33. Se há algum tipo de inquietação no acampamento, o general não tem muita autoridade. Se flâmulas e bandeiras são hasteadas em outros lugares, um motim está em andamento. Se os oficiais estão muito irritados, os soldados estão esgotados.

[Tu Mu entende a frase de outra forma: "Se todos os oficiais de um exército estão irritados com o seu general, quer dizer que estão fatigados devido aos esforços que este tem exigido deles".]

34. Quando um exército alimenta seus cavalos com grãos e mata o gado com o intuito de obter alimentação,

[Quando tudo está normal, os homens se alimentariam de grãos, e os cavalos de mato, principalmente.]

e quando os homens não penduram as panelas sobre as fogueiras do acampamento, mostrando que não querem retornar às suas tendas, interpreta-se que estão determinados a lutar até a morte.

[Posso mencionar aqui o trecho ilustrativo extraído do *HOU HAN SHU*, capítulo 71, resumido no *P'ei wen yun fu*: O rebelde Wang Kuo, de Liang, estava cercando a cidade de Ch'en-ts'ang, e Huang-fu Sung, que estava no comando total, junto com Tung Cho, foram enviados para combatê-lo. Este exigiu ações rápidas, mas

Sung não quis ouvir seu conselho. No fim da batalha, os rebeldes foram derrotados e começaram a entregar espontaneamente as armas. Sung não estava investindo no ataque, entretanto Cho disse: 'São princípios de guerra não perseguir homens desesperados e não pressionar os que recuam'. Sung respondeu: 'Isso não se aplica aqui. Estou pronto para atacar um exército cansado, não um exército em retirada; com tropas disciplinadas, cairei sobre uma multidão desorganizada, não sobre um bando de homens desesperados'. Em seguida, atacou sem o apoio do colega, aniquilou o inimigo e matou Wang Kuo.]

35. Quando vemos homens cochichando em grupos ou falando em tom muito baixo, certamente há desavenças entre os soldados rasos.

36. Recompensas frequentes significam que o inimigo está no fim dos seus recursos;

[Porque, quando um exército está sob pressão, como salienta Tu Mu, há sempre o perigo de motim, e as recompensas em abundância são dadas aos homens para que mantenham a calma e o bom humor.]

punições em excesso demonstram um estado de grande agonia.

[Nessa situação, há um relaxamento na disciplina, mas a seriedade é realmente necessária para que os homens se mantenham responsáveis.]

37. Começar aos berros e, em seguida, demostrar medo ao deparar-se com o número de inimigos demonstra total falta de inteligência.

[Sigo a interpretação de Ts'ao Kung, também adotada por Li Ch'uan, Tu Mu e Chang Yu. Outro possível significado proposto por Tu Yu, Chia Lin, Mei Tao-ch'en e Wang Hsi, é o seguinte: "O general que é inicialmente um tirano com seus homens, e depois teme que eles se amotinem, etc.". Isso poderia ser conectado à sentença discutida anteriormente, a respeito de recompensas e punições.]

38. Quando chegam mensageiros com cumprimentos verbais, esse é um sinal de que o inimigo deseja uma trégua.

[Diz Tu Mu: "Se o inimigo começa a libertar os reféns, é um sinal de que estão ansiosos por um cessar-fogo, seja porque não tenha mais forças, seja por qualquer outra razão. Contudo, não é preciso um Sun Tzu para chegar a essa óbvia conclusão.]

39. Se as tropas do inimigo marcham com muita gana, e nos encaram por um longo período sem investir ou recuar, a situação exige vigilância e prudência.

[Ts'ao Kung diz que uma manobra dessa espécie pode ser apenas um truque para ganhar tempo, para um inesperado ataque pelos lados, ou para tramar uma emboscada.]

40. Se nossas torpas forem menores que as do inimigo, isso não representa nada extraordinário; significa apenas a impossibilidade de um ataque direto.

[Literalmente, "nenhum avanço militar". Ou seja, em vez do uso das táticas de *cheng* e dos ataques frontais, deve-se utilizar um estratagema.]

Assim, devemos simplesmente concentrar todos nossos esforços, observar atentamente o inimigo e conseguir reforços.

[Tal afirmação é estranha e nenhum comentarista consegue entendê-la por completo. Concordo com Li Ch'uan, que parece oferecer a explicação mais simples: "O lado que conseguir o maior número de homens sairá vitorioso". Felizmente, temos Chang Yu para esclarecer o significado da sentença com uma linguagem puramente lúcida: "Quando o contingente é o mesmo, e nenhuma oportunidade aparece, embora não sejamos fortes o suficiente para efetuar um ataque final, podemos recrutar mais soldados entre nossos vivandeiros e camponeses, e então concentrar nossas forças e observar o inimigo de perto, esperando o momento certo da vitória. Devemos apenas evitar empregar soldados estrangeiros". Então, ele cita Wei Liao Tzu, capítulo 3: "A força nominal de tropas mercenárias pode até chegar a 100 mil, mas seu valor real não será mais que metade desse número".]

41. Aquele que não exercita a prevenção mas faz pouco de seu inimigo, certamente será capturado por ele.

[Ch'en Hao, citando o *Tso chuan*, diz: "Se abelhas e escorpiões carregam veneno, quanto veneno um Estado hostil poderá carregar! Então, até mesmo um inimigo insignificante não deve ser menosprezado".]

42. Se soldados forem punidos antes de terem adquirido respeito por você, não irão obedecer; e, a menos que sejam submissos, não terão qualquer utilidade. Se, quando tiverem adquirido respeito por você, as punições não forem aplicadas, continuarão inúteis.

43. Portanto, os soldados devem ser tratados primeiramente com humanidade, porém mantidos sob controle por meio de uma rígida disciplina.

[Yen Tzu, em 493 a.C., falou sobre Ssu-ma Jang-chu: "Suas virtudes civis o tornaram valorizável para as pessoas; seu valor marcial mantém os inimigos aterrorizados". Wu Tzu afirma no capítulo 4: "O comandante ideal alia cultura e um temperamento aguerrido; a profissão militar exige a combinação de firmeza e brandura".]

Assim é o caminho para a vitória.

44. Caso os comandos sejam habitualmente cumpridos pelos soldados durante o treinamento, o exército estará muito bem disciplinado; caso contrário, não haverá disciplina.

45. Se um general demonstra confiança em seus homens, mas sempre insiste que suas ordens sejam cumpridas,

[Tu Mu diz que: "Um general deve, em tempos de paz, demonstrar confiança em seus homens e também fazer sua autoridade ser respeitada, para que, ao enfrentar o inimigo, suas ordens sejam executadas e a disciplina, mantida, pois todos têm confiança e respeito por ele". O que Sun Tzu disse no § 44, entretanto, nos levaria a acreditar em algo do tipo: "Se um general está sempre confiante que suas ordens serão cumpridas", etc.]

o ganho será mútuo.

[Chang Yu observa que: "O general deposita toda a sua confiança em seus soldados, que por sua vez são obedientes e confiam nele. Assim, o ganho é mútuo". Ele cita a sugestiva afirmação de Wei Liao Tzu, capítulo 4: "A arte de comandar não permite a retificação de pequenos enganos ou a fomentação de dúvidas insignificantes". Hesitação e inquietação são as formas mais eficazes de minar a confiança de um exército.]

[1] "*Aids to Scouting*", p. 26.

X. TIPOS DE TERRENO

[Apenas um terço do capítulo (§1-13) aborda o fator "terreno", que é melhor examinado no capítulo XI. As "seis calamidades" são discutidas entre os parágrafos 14 e 20. O restante do capítulo trata apenas de meras observações sem um propósito específico.]

1. Segundo Sun Tzu, podemos observar seis tipos de terreno:

(1) Acessível;

[Segundo Mei Yao-ch'en, "amplamente provido de estradas e meios de comunicação"].

(2) Abrangente;

[A partir do mesmo comentarista, "um território agregado que ao ser explorado confunde"].

(3) Temporizador;

[Que permite "protelação" ou "atraso"].

(4) Passagem estreita;

(5) Íngreme;

(6) Longe do inimigo.

[Os erros dessa classificação estão evidentes. Uma estanha falta de percepção lógica pode ser observada na aceitação inquestionável do cidadão chinês a divisões como essa.]

2. O terreno que pode ser facilmente atravessado por ambos os lados é chamado de ACESSÍVEL.

3. Em relação a um terreno dessa natureza, é de vital importância chegar antes do inimigo, ocupar as posições mais altas e ensolaradas e proteger cuidadosamente nossa linha de suprimentos.

[A última observação do general é duvidosa, como diz Tu Yu: "Não permita que o inimigo corte sua via de comunicação". Na visão de Napoleão, "o segredo da guerra está na comunicação" [1]. Gostaríamos que Sun Tzu tivesse discorrido com profundidade sobre esse importante assunto, tanto nesse trecho quanto nos capítulos I § 10 e VII § 11. O Coronel Henderson diz: "A rota de suprimentos pode ser considerada tão vital para a existência de um exército quanto o coração para a vida de um ser humano. Assim como um duelista, que vê o inimigo como uma possibilidade de morte, é levado a aceitar os movimentos de seu inimigo e controlar seus impulsos, o comandante cuja comunicação está ameaçada também fica em uma situação comprometedora, e talvez tenha de mudar seus planos, dividir suas forças em destacamentos isolados e lutar com um contingente inferior que não teve tempo para se preparar; e a derrota não será um fracasso comum, e sim provocará a ruína ou a rendição de todo o exército".] [2]

Assim você terá condições de combater em vantagem.

4. O terreno que é difícil de ser abandonado, mas é difícil de ser reocupado, é chamado de ABRANGENTE.

5. Em uma posição assim, se o inimigo estiver despreparado, você poderá atacá-lo subitamente e derrotá-lo. Mas, se o inimigo

estiver preparado e você fracassar em derrotá-lo, sem a possibilidade de bater em retirada, você sucumbirá.

6. Quando a posição é tal que ninguém arrisca atacar primeiro, o terreno é chamado de TEMPORIZADOR.

[Tu Mu diz: "Ambos consideram inconveniente atacar primeiro, e a situação permanece insolúvel".]

7. Em uma posição assim, embora o inimigo nos ofereça uma isca atrativa,

[Para Tu Yu, quando está "virando as costas e fingindo fugir". Entretanto, essa não é a única forma de sedução que pode tirar-nos de nossa posição.]

é aconselhável não seguirmos em frente, mas recuarmos, fazendo que o inimigo avance; depois, quando parte de seu exército tiver saído, poderemos atacar com vantagem.

8. Com relação a passagens ESTREITAS, se você puder ocupá-las primeiro, deixe-as fortemente guarnecidas e espere a chegada do inimigo.

[Dessa forma, observa Tu Yu, "a iniciativa dependerá de nós e, com ataques inesperados, deixaremos o inimigo aos nossos pés".]

9. Se o inimigo antecipar-se na ocupação de uma passagem, não vá atrás dele se o terreno estiver fortemente guarnecido.

10. Em terrenos ÍNGREMES, se você chegar antes do inimigo, ocupe posições elevadas e ensolaradas, e espere até que ele venha.

[Ts'ao Kung diz: "A vantagem de assegurar-se em posições elevadas e desfiladeiros é poder impedir que seu inimigo dite suas ações". [Para entender melhor esse princípio, veja o capítulo VI. § 2.]

Chang Yu conta a seguinte anedota sobre P'ei Hsing-chien (619–682 d. C.), que foi enviado em uma expedição punitiva contra tribos turcas: "Uma noite, ele cercou o acampamento — que já havia sido fortificado com fosso e cercado — com óleo, como sempre fazia, e subitamente ordenou que o exército movesse seus alojamentos para uma colina próxima. Seus oficias não gostaram nada e protestaram contra o cansaço que a ação causaria. Entretanto, P'ei Hsing-chien, sem dar atenção ao protesto, ordenou que a mudança fosse feita o mais rápido possível. Na mesma noite, caiu uma tempestade terrível que alagou completamente o local do primeiro acampamento, deixando-o a cerca de quatro metros de profundidade. Os oficiais teimosos ficaram impressionados com o acontecido e admitiram seu erro. "Como o senhor sabia que isso iria acontecer?"— perguntaram. P'ei Hsing-chien respondeu: "De hoje em diante, obedeçam minhas ordens sem questionamentos desnecessários". "Assim", continuou Chang Yu, "podemos observar que os locais elevados e ensolarados são vantajosos tanto para uma luta quanto diante de alagamentos desastrosos".]

11. Se o inimigo ocupar essas posições de antemão, não o siga; recue e tente afastá-lo para bem longe.

[O ponto decisivo da campanha de Li Shih-min, em 621 d.C., contra dois rebeldes, Tou Chien-te, Rei de Hsia, e Wang Shih-ch'ung, príncipe de Cheng, foi a tomada dos montes de Wu-lao; apesar disso, Tou Chien-te persistiu em tentar libertar seus aliados em Lo-yang, mas foi derrotado e preso. Veja *Chiu t'ang*, cap. 2, fol. 5 verso, e também o cap. 54.]

12. Se estiver posicionado a grande distância do inimigo, e a força dos dois exércitos for igual, não será fácil provocar um combate.

[Infere-se que não devemos pensar em fazer uma marcha longa e cansativa, pois, ao final dela, como observa Tu Yu, "estaríamos exaustos e o nosso inimigo descansado".]

Lutar nessas condições será desvantajoso.

13. Esses são os seis princípios ligados à terra.

[Ou, talvez, "os princípios ligados ao terreno". Entretanto, veja o capítulo I § 8.]

O general que receber um posto de responsabilidade deve estudá-lo cuidadosamente.

14. Um exército pode ficar exposto a seis calamidades não originadas por causas naturais, mas de erros pelos quais o general é responsável. São elas: (1) Fuga; (2) Insubordinação; (3) Colapso; (4) Ruína; (5) Desorganização; (6) Confusão.

15. Em condições semelhantes, quando uma força é arremessada contra outra dez vezes maior, o resultado é a FUGA da força menor.

16. Quando os soldados comuns são muito fortes e seus oficiais muito fracos, o resultado é a INSUBORDINAÇÃO.

[Tu Mu cita o caso infeliz de T'ien Pu (*Hsin t'ang shu*, cap. 148), que foi enviado a Wei, em 821 d.C., com ordens para liderar um exército contra Wang T'ing-ts'ou. Contudo, enquanto esteve no comando, seus soldados o tratavam com o máximo desprezo, e abertamente zombavam de sua autoridade ao passearem seguidas vezes pelo acampamento montados em burros. T'ien Pu, sem conseguir colocar um ponto final na conduta, depois de alguns meses tentou atacar o inimigo, mas suas tropas viraram as costas e debandaram em direções aleatórias. Depois disso, sentindo-se desgraçado, T'ien Pu suicidou-se com um corte na garganta.]

Quando os oficiais forem extremamente fortes e os soldados fracos demais, o resultado é o COLAPSO.

[Ts'ao Kung diz: "Quando os oficiais são enérgicos e exigem demais, os soldados rasos ficam fracos e podem sofrer um colapso repentino".]

17. Quando os oficiais superiores estão irritados e insubordinados e, ao encontrar o inimigo, combatem ressentidos por conta própria, antes que o comandante lhes diga se ele está ou não pronto para atacar, o resultado é a RUÍNA.

[Segundo a nota de Wang Hsi: "Isso quer dizer que o general está irritado sem motivo, e que, ao mesmo tempo, não aprecia a habilidade dos oficiais sob seu comando; sendo assim, ele incita ressentimentos e atrai uma avalanche de ruína sobre sua cabeça."]

18. Quando o general tem pouca ou nenhuma autoridade; quando suas ordens não são claras;

[Wei Liai Tzu afirma no capítulo 4: "Se o comandante é incisivo em suas ordens, os soldados não vão esperar que ele as repita; se seus movimentos não apresentam qualquer hesitação, os soldados não perderão tempo e cumprirão sua obrigação". Diz o General Baden-Powell, salientando suas palavras: "O segredo de fazer que os homens sob o seu comando obtenham sucesso é, resumidamente, a clareza das instruções que recebem". [3] Segundo Wu Tzu, capítulo 3: "O erro mais fatal em um líder militar é a diferença; as piores calamidades que acontecem a um exército advêm da hesitação".]

quando não há obrigações determinadas aos oficiais e seus homens,

[Diz Tu Mu: "Nem os oficiais nem os soldados têm uma rotina regular."]

e a formação acontece de forma negligente e aleatória, o resultado é a DESORGANIZAÇÃO ABSOLUTA.

19. Quando um general, incapaz de avaliar as forças do inimigo, permite que uma força inferior ataque uma força superior, ou envia um destacamento fraco contra um forte, e deixa de colocar soldados escolhidos na linha de frente, o resultado é a DERROTA TOTAL.

[Chang Yu parafraseia a última parte da frase e prossegue: "Onde quer que haja uma batalha para lutar, os espíritos mais entusiasmados devem ser indicados para servir no fronte, tanto para fortalecer a decisão dos nossos próprios homens, como para desmoralizar o inimigo." Cf. As primeiras ordens de César (*De Bello Gallico*, V. 28, 44, *et al.*).]

20. Há seis formas de atrair a derrota, a serem cuidadosamente observadas pelo general que chega a um posto de responsabilidade.

[Veja no § 13.]

21. A formação natural do território é o melhor aliado do soldado;

[Ch'en Hao diz: "As vantagens do tempo e da estação do ano não são equiparáveis às relacionadas ao terreno."]

mas a capacidade de avaliar o inimigo, de controlar as forças da vitória e de calcular, com astúcia, as dificuldades, perigos e distâncias constituem as mais árduas provas de um grande general.

22. Quem conhece tais proposições, e na luta coloca o conhecimento em prática, vencerá suas batalhas. Quem não as conhece nem as pratica certamente será derrotado.

23. Se a vitória é certa, lute, mesmo que o superior o proíba; se não houver certeza de vitória, não lute, mesmo que o superior ordene.

[Cf. VIII, § 3, final. As seguintes palavras são atribuídas a Huang Shih-kung, da dinastia Ch'in, que sabemos ter protegido Chang Liang e redigido o *San lueh*: "A responsabilidade de estabelecer um exército em marcha deve recair tão somente nos ombros do próprio general; se as investidas e as retiradas forem controladas pelos que estão no Palácio, raramente será alcançado um resultado satisfatório. Por conseguinte, o governante divino e o monarca iluminado se contentam em desempenhar um papel humilde ao apoiar a causa de sua nação (literalmente, ficar de joelhos para empurrar a roda da carroça)." Isso significa que, "em assuntos externos à área reservada para as mulheres, a decisão do comandante militar deve ser soberana". Chang Yu também tem um dito semelhante: "Os decretos do Imperador da China não adentram os limites de um acampamento militar".]

24. O general que avança sem desejar fama, e que se retira sem temer a desgraça,

[Wellington, suponho, alertou que o mais complicado é fazer que um soldado bata em retirada.]

cujo único pensamento é proteger sua nação e prestar um bom serviço ao seu soberano, é a joia do reino.

[Uma nobre intuição, em poucas palavras, possui o "afortunado guerreiro" chinês. Tal homem, comenta Ho Shih, "mesmo que já tenha sido punido, não lamentaria sua conduta".]

25. Considere seus soldados como filhos e eles o seguirão até nos vales mais densos; considere-os como filhos amados e eles permanecerão ao seu lado até a morte.

[Veja capítulo I § 6. Nesse tipo de ligação, Tu Mu esboça um quadro simpático do famoso general Wu Ch'i, cujo tratado sobre a guerra tenho citado com frequência: "Ele usava as mesmas roupas e comia a mesma comida que o mais pobre de seus soldados, recusava-se a ter um cavalo para cavalgar ou um tapete no qual dormir, carregava seu próprio estoque de alimentos embrulhados em um pacote, e dividia cada sofrimento com seus homens. Um de seus soldados teve um abscesso, e o próprio Wu Ch'i sugou o pus para retirar o vírus. Ao saber disso, a mãe do soldado começou a chorar e lamentar, e alguém lhe perguntou: 'Por que a senhora chora? Seu filho é só um soldado raso, e, no entanto, o comandante sugou o veneno que estava em sua ferida'. A mulher respondeu: 'Há muitos anos, o senhor Wu fez algo semelhante ao meu marido, que depois nunca mais o largou, e, por fim, morreu nas mãos do inimigo. Agora, que ele fez o mesmo por meu filho, ele, o meu menino, também vai morrer lutando, só não sei onde'". Li Ch'uan fala do Visconde de Ch'u, que invadiu o pequeno Estado de Hsiao durante o inverno. O Duque de Shen lhe disse: "Muitos dos soldados estão sofrendo excessivamente com o frio". Então, ele deu uma volta em todo o acampamento para confortar e encorajar todos os homens; e imediatamente eles sentiram como se suas roupas estivessem forradas com seda.]

26. Se você é indulgente, mas incapaz de fazer prevalecer a sua autoridade; compassivo, mas incapaz de fazer cumprir suas ordens; e, além de tudo, incapaz de acabar com a desordem; então, seus homens são como crianças mimadas, inúteis para qualquer propósito prático.

[Li Ching, certa vez, disse que se você conseguisse fazer que os soldados o temessem, eles não teriam medo do inimigo. Tu Mu lembra um exemplo de rigorosa disciplina militar, no ano 219 d.C., quando Lu Meng estava ocupando a cidade de Chiang-ling. Ele dera ordens severas para que o seu exército não perturbasse os habitantes ou tirasse qualquer coisa deles à força. Entretanto, um certo oficial, que era da mesma localidade, conseguiu apropriar-se de um chapéu de bambu pertencente a um dos habitantes, para usá-lo sobre seu elmo normal como proteção contra a chuva. Lu Meng considerou que o fato de o homem ter nascido na localidade de Ju-nan não serviria como atenuante à disciplina vigente; e, com lágrimas escorrendo-lhe pelo rosto ao dar a ordem, ordenou a execução sumária do oficial. Sua atitude rigorosa deixou todo o exército apavorado e, desse dia em diante, até mesmo objetos atirados na estrada não foram mais coletados.]

27. Se sabemos que os nossos homens estão prontos para atacar, mas desconhecem que o inimigo não está, estamos apenas a meio caminho da vitória.

[Ou seja, no dizer de Ts'ao Kung, "trata-se de uma questão incerta".]

28. Se sabemos que o inimigo está pronto para atacar, mas não sabe que os nossos soldados não estão, estamos apenas a meio caminho da vitória.

[Veja capítulo III § 13 (1).]

29. Se soubermos que o inimigo e os nossos homens estão prontos para atacar, mas que eles não sabem que a natureza do terreno torna a luta impraticável, continuaremos apenas a meio caminho da vitória.

30. O soldado experiente, uma vez em marcha, nunca fica confuso; uma vez que levantou acampamento, nunca fica perdido.

[De acordo com Tu Mu, tal soldado já fez seus cálculos com muito cuidado, de forma a se assegurar da vitória com antecedência. "Ele não é imprudente ao se movimentar", adianta Chang Yu. "Portanto, quando se movimenta, ele não comete erros."]

31. Daí o ditado: Se você conhece o inimigo e a si mesmo, sua vitória não será posta em dúvida; se você conhece o Céu e a Terra, sua vitória será completa.

[Li Ch'uan resume: "Com o conhecimento de três coisas — as obrigações dos homens, as estações do ano e as vantagens naturais do terreno — a vitória invariavelmente irá coroar suas batalhas."]

[1] Veja *Pensees de Napoleon 1er* (*As máximas de Napoleão*, nº 47.

[2] *The Science of War* (*A ciência da guerra*), capítulo II.

[3] *Aids to Scouting* (*Ajuda aos escoteiros*) p. xii.

XI. AS NOVE SITUAÇÕES

1. Sun Tzu disse: a Arte da Guerra reconhece nove tipos de terreno: (1) Dispersivo; (2) Acessível; (3) Contencioso; (4) Aberto; (5) Formado por cruzamentos; (6) Crítico; (7) Árduo; (8) Confinado; (9) Perigoso.

2. Quando um comandante luta em seu próprio território, este é um terreno DISPERSIVO.

[Pois os soldados, estando próximos de suas casas e ansiosos para verem suas esposas e filhos, provavelmente irão usar a primeira oportunidade que tiverem para se dispersarem em direções aleatórias. Tu Mu observa que: "Durante seu avanço, não ficarão desesperados e, ao recuarem, encontrarão inúmeros refúgios".]

3. Quando um comandante invade um território inimigo, mesmo não indo muito longe, esse terreno é considerado ACESSÍVEL.

[Li Ch'uan e Ho Shih dizem que é "por causa da facilidade de bater em retirada", e outros comentaristas compartilham da mesma opinião. Tu Mu observa que: "Quando o seu exército atravessar a fronteira, você deve queimar todos os seus barcos e suas pontes, para que fique bem claro a todos que você não pretende voltar tão cedo".]

4. O terreno que pode propiciar grande vantagem para ambos os lados é considerado CONTENCIOSO.

[Tu Mu define tal terreno como algo "para ser sustentado". Ts'ao Kung diz: "trata-se de um terreno em que poucos fracos podem derrotar muitos fortes", tal como "o gargalo de uma passagem", citado como exemplo por Li Ch'uan. O estreito de Termópilas era desse tipo, pois seu ocupador conseguiu segurar o exército invasor, ainda que por poucos dias, ganhando um precioso tempo. Segundo Wu Tzu, capítulo V: "Para aqueles que precisam lutar com uma desvantagem de dez para um, não há nada melhor do que uma passagem estreita". Enquanto Lu Kuang, carregado de despojos, retornava de sua triunfante expedição ao Turquestão em 385 d.C., chegando tão longe quanto I-ho, Liang Hsi, administrador de Liang-chou, aproveitando a morte de Fu Chien, Rei de Ch'in, conspirava contra ele e queria impedir sua entrada na província. Yang Han, Governador de Kao-ch'ang, deu a Liang Hsi o seguinte conselho: "Lu Kuang está fortalecido por suas vitórias no oeste, seus soldados são fortes e são valorizados. Se nos opusermos a ele nas areias traiçoeiras do deserto, seremos derrotados; portanto, devemos tentar algo diferente. Vamos ocupar rapidamente o desfiladeiro junto à entrada da passagem de Kao-wu, assim bloquearemos o suprimento de água; e, quando o exército estiver enfraquecido pela sede, ditaremos nossos próprios termos. Mas, se você considera a passagem que mencionei muito distante, podemos bloqueá-lo no estreito de I-wu, que é mais próximo. A astúcia e inteligência do próprio Tzu-fang não seriam nunca suficientes contra a enorme força dessas duas posições". Liang Hsi, recusando-se a aceitar o conselho, acabou superado pelo invasor.]

5. O terreno que fornece liberdade de movimento para ambos os lados é considerado ABERTO.

[Há várias interpretações do adjetivo chinês para esse tipo de terreno. Ts'ao Kung diz que ele representa um "terreno com uma conexão de estradas", como um tabuleiro de xadrez. Para Ho Shih, trata-se de um "terreno que permite fácil intercomunicação".]

6. O terreno que dá acesso a três Estados contíguos,

[Ts'ao Kung define o espaço como: "Nosso território somado ao do inimigo, mais um terceiro vizinho de ambos". Meng Shih exemplifica o pequeno Principado de Cheng, que era delimitado ao nordeste pelo Estado de Ch'i, ao oeste por Chin, e ao sul por Ch'u.]

e que possibilita a seu ocupador o comando da maior parte do Império,

[O beligerante que detém tal posição de domínio pode compelir a maioria dos Estados a se tornarem seus aliados.]

é aquele FORMADO POR CRUZAMENTOS.

7. Quando um exército invade o coração hostil de um território, mas deixa para trás um número considerável de cidades fortificadas, o terreno é considerado CRÍTICO.

[Wang Hsi considera que, "quando um exército alcança determinada posição, chega a uma situação crítica".]

8. Florestas montanhosas,

[Ou simplesmente "florestas".]

declives irregulares, pântanos e brejos — todo território difícil de ser atravessado é considerado um terreno ÁRDUO.

9. O terreno que é alcançado por gargantas estreitas — pelas quais podemos apenas recuar por caminhos tortuosos, e onde um pequeno contingente inimigo seria suficiente para esmagar um grande número dos nossos homens — é considerado CONFINADO.

10. O terreno no qual podemos nos salvar da destruição apenas lutando sem demora é PERIGOSO.

[A situação abaixo, como descrita por Ts'ao Kung, é muito semelhante ao *terreno confinado*, exceto que aqui não é possível escapar: "Com uma montanha alta à frente e um grande rio atrás, é impossível avançar, e o caminho de volta estará bloqueado". Ch'en Hao afirma: "Estar em um *terreno perigoso* é como sentar em um barco furado ou agachar em uma casa em chamas". Tu Mu cita Li Ching para oferecer uma descrição clara sobre a situação de um exército encurralado: "Imagine se nosso exército, ao invadir um território hostil sem a ajuda de guias locais, cai em uma armadilha e fica à mercê do inimigo. Imagine uma ravina à esquerda, uma montanha à direita, uma trilha tão arriscada que até mesmo os cavalos precisam ser amarrados uns aos outros e as carroças, puxadas. Sem nenhuma passagem aberta em frente, retaguarda bloqueada, ou nenhuma outra opção a não ser seguir em fila única. Então, antes que pudéssemos organizar nossos soldados para o combate, o inimigo, que é superior em número, apareceria do nada. Não haveria espaço para avançar nem refúgio para retroceder. Ao desejar uma batalha intensa, não seria possível; mesmo na defensiva, não teríamos um momento de descanso. Se simplesmente nos mantivermos em nosso terreno, os dias e os meses passarão lentamente; na hora de agir, devemos repelir os ataques do inimigo pela frente e por trás. Se o território é selvagem, destituído de água e plantas, ao exército faltará o que é trivial à vida, os cavalos ficarão cansados e os homens exaustos, todos os recursos e habilidades ficarão sem utilidade. Imagine uma passagem tão estreita que um único homem a defendê-la poderia impedir o ataque de dez mil; todos os meios de defesa estariam nas mãos do inimigo, e todas as posições vantajosas em nossas mãos. Diante dessa terrível situação, embora tivéssemos os soldados mais corajosos e as melhores armas, como poderíamos vencer?". Estudantes da história grega podem lembrar o terrível fim da expedição siciliana, e a agonia dos atenienses sob o comando de Nícias e Demóstenes. Veja Tucídides, VII. 78 ss.]

11. Em terreno dispersivo, não lute. Em terreno acessível, não pare. Em terreno contencioso, não ataque.

[Entretanto, segundo Ts'ao Kung: "permita que sua energia seja usada para ocupar a posição vantajosa primeiro". Em contrapartida, Li Ch'uan e outros comentaristas acreditam que a sentença indica que o inimigo já se antecipou, e seria uma falta de discernimento atacá-lo. No *Sun tzu hsu lu*, quando o Rei de Wu pergunta o que deve ser feito nesse caso, Sun Tzu responde: "A regra que rege o terreno contencioso é aquela cujo lado que o possui tem vantagem sobre o outro. Se uma posição desse tipo é tomada primeiro pelo inimigo, cuidado ao atacá-lo. Afaste-o deste local fingindo uma fuga (levante as bandeiras e toque os tambores), apresse-se em direção a outras posições que ele não quer perder (deixe um rastro em direção à floresta e levante poeira), e confunda seus ouvidos e olhos. Faça-o enviar seu melhor destacamento e conduza secretamente uma emboscada, e seu adversário virá para o resgate sem demora".]

12. Em terreno aberto, não tente bloquear a passagem do inimigo.

[Pois seria inútil e exporia a força que ainda bloqueia a sérios riscos. Há duas interpretações possíveis aqui, e prefiro a de Chang Yu. A outra, está na simples observação de Ts'ao Kung: "Aproxime-se" — ou seja, assegure-se que parte do seu exército não fique isolada.]

Em território onde há o cruzamento de várias estradas, junte-se aos aliados.

[Ou, talvez, "forme alianças com os Estados vizinhos".]

13. Em terreno crítico, una-se ao saque.

[Nessa passagem, Li Ch'uan faz uma observação muito interessante: "Quando um exército avança sobre o território inimigo, deve tomar cuidado para não alienar as pessoas com um tratamento injusto. Siga o exemplo do Imperador de Han, Kao Tsu, cuja marcha em território Ch'in ficou conhecida pelo respeito às mulheres e aos bens do povo. (Observação: isso aconteceu em 207 a.C., e pode muito bem nos deixar envergonhados pelos atos do exército cristão que tomou Pequim em 1900 d.C.). Dessa forma, ele conquistou o coração de todos". Nesse trecho, acredito que é mais apropriado dizer "objetos de valor" e não "bens". Mas infelizmente temo que, neste caso, o sentimento justo do comentarista tenha superado seu julgamento. Já Tu Mu não compartilha dessa ilusão. Ele diz: "Ao acampar em terreno crítico, ainda não havendo motivos para o avanço e nenhuma possibilidade de bater em retirada, deve-se tomar as providências necessárias para uma resistência prolongada, trazendo suprimentos de todos os lados, sempre vigiando o inimigo".]

Em terreno árduo, mantenha-se em marcha firme.

[Ou, como mencionado no capítulo VIII § 2, "não acampe".]

14. Em terreno confinado, recorra a um estratagema.

[Ts'ao Kung sugere: "Tente usar algum artifício incomum"; e Tu Yu enfatiza a ideia dizendo: "Numa situação como essa, devemos formular um plano que se aplique às circunstâncias; e, se tivermos êxito em enganar o inimigo, talvez possamos escapar do perigo". Trata-se exatamente do que aconteceu quando Aníbal foi confinado entre as montanhas na estrada para Casilinum, e presumidamente encurralado pelo ditador Fábio. O estratagema que Aníbal planejou para enganar seus inimigos foi tão notável quanto aquele empregado com sucesso por T'ien Tan há 62 anos [veja capítulo IX § 24, nota]: Quando anoiteceu, maços de galhos finos foram presos aos chifres de dois mil bois e incendiados; então, os animais apavorados foram guiados pela montanha em direção às passagens sitiadas pelo inimigo. A estranha aparência dessas luzes, que se moviam rapidamente, assustou e confundiu os romanos de tal forma que eles recuaram, e o exército de Aníbal pôde passar pelo desfiladeiro com total segurança. Veja Políbio, III. 93, 94; Livy, XXII. 16, 17.]

Em terreno perigoso, lute.

[Pois, como observa Chia Lin: "Se você lutar com todas as suas forças, há uma grande chance de sobrevivência; mas, se você ficar preso em um canto, a morte é certa".]

15. Os chamados de líderes habilidosos e experientes sabiam como se posicionar entre a frente e a retaguarda do inimigo;

[Literalmente, "faziam que a frente perdesse o contato com a retaguarda".]

para evitar a cooperação entre as divisões maiores e menores; para impedir que os bons destacamentos resgatassem os maus, e os oficiais dependessem de seus homens.

16. Quando os soldados do inimigo estavam unidos, tais líderes conseguiam dividi-los.

17. Quando tinham vantagem, seguiam em frente; caso contrário, mantinham-se imóveis.

[Mei Yao-ch'en encontra uma relação entre essa passagem e a próxima: "Se conseguissem deslocar o inimigo, seguiriam em frente para conquistar a vantagem, se não houvesse vantagem, permaneceriam onde estavam".]

18. Se me perguntassem como enfrentar um anfitrião inimigo bem organizado e pronto para marchar para o ataque, diria: "Tome do inimigo algo a que ele tenha o maior apreço; assim, ele ficará receptivo à sua vontade".

[Várias são as opiniões sobre o que Sun Tzu tinha em mente ao proferir tal sentença. Ts'ao Kung acredita que seja "alguma vantagem estratégica da qual depende o inimigo". Tu Mu diz que: "As três coisas que um inimigo está ansioso para fazer, e das quais depende seu sucesso, são: (1) conquistar nossas posições favoráveis; (2) devastar nossa terra produtiva; (3) proteger suas próprias comunicações".

Então, nosso objetivo deve ser frustrar seus planos e enfraquecê-lo. [cap. III § 3.] Ao impedir a iniciativa do inimigo, você o coloca na defensiva.]

19. A rapidez é a essência da guerra:

[De acordo com Tu Mu, "é uma soma de princípios importantes em uma guerra", e ainda, "são as maiores verdades da ciência militar, e os principais deveres do general". As anedotas abaixo, contadas por Ho Shih, mostram a importância da rapidez de dois grandes generais chineses. Em 227 d.C., Meng Ta, Governador de Hsin-ch'eng sob o reinado do Imperador de Wei, Wen Ti, refletia sobre uma possível deserção para a Casa de Shu, e havia entrado em contato com Chu-ko Liang, o primeiro-ministro do Estado. O general de Wei, Ssu-ma I, que era governador militar de Wan, ao tomar conhecimento da traição de Meng Ta, e antes de enviar o exército para conter a rebelião, escreveu-lhe uma carta amigável para tentar dissuadi-lo. Os oficiais de Ssu-ma I chegaram até ele com a seguinte observação: "Antes de agirmos, devemos investigar se Meng Ta aliou-se a Wu e Shu". Ssu-ma I respondeu: "Meng Ta é um homem sem princípios, devemos puni-lo imediatamente enquanto está indeciso e antes que mostre quem realmente é". Então, com uma série de marchas forçadas, levou seu exército até as muralhas de Hsin-ch'eng em oito dias. Meng Ta havia dito em uma carta a Chu-ko Liang: "Wan está a 600 km de distância. Quando a notícia da minha deserção chegar a Ssu-ma I, ele imediatamente informará seu mestre imperial, mas passará um mês até que qualquer medida seja tomada, e minha cidade estará fortificada até lá. Além disso, Ssu-ma I não virá pessoalmente, e os generais enviados não nos darão qualquer trabalho". A próxima carta, entretanto, já demonstrava certa preocupação: "Embora se tenham passado apenas oito dias desde a minha deserção, um exército já chegou aos portões da cidade. Que rapidez milagrosa é essa!". Quinze dias mais tarde, Hsin- ch'eng seria tomada e Meng Ta perderia a cabeça. [Veja *Chin shu*, cap. 1, f. 3.] Em 621 d.C., Li Ching foi enviado de K'uei-chou, em Ssu-ch'uan, para derrotar o bem-sucedido rebelde Hsiao Hsien, que se havia denominado Imperador da moderna Ching-chou Fu em Hupeh. Era outono, e, com o rio Yangtse alagado, Hsiao Hsien nunca imaginou que seu inimigo teria coragem de se aventurar pelos desfiladeiros e, por esse motivo, deixou de fazer os preparativos necessários para conter um possível ataque. Mas, sem perda de tempo, Li Ching embarcou seu exército, e quando estava prestes a zarpar seus generais imploraram que ele adiasse a partida até que o rio estivesse em condições de navegação. Li Ching respondeu: "Para o soldado, a rapidez decisiva é da maior importância, e ele nunca deve perder oportunidades. Agora é o momento certo para um ataque, antes que Hsiao Hsien saiba que juntamos um exército. Se aproveitarmos este momento em que o rio está alagado, chegaremos a sua capital subitamente, como um trovão que não se pode deter. [Veja capítulo VII § 19, nota.] Esse é o grande princípio de uma guerra. Mesmo que perceba a nossa aproximação, terá de reunir seus soldados rapidamente, e eles estarão despreparados para nos enfrentar. Assim, a vitória será nossa". Tudo aconteceu como previsto. Hsiao Hsien foi levado à rendição e, com dignidade, pediu que seu povo fosse poupado, e apenas ele executado.]

aproveite o despreparo do inimigo, marche por rotas inesperadas e ataque postos desprotegidos.

20. Uma força invasora deve estar atenta aos seguintes princípios: quanto mais profunda for a incursão em um território, maior deverá ser a solidariedade entre os soldados, assim, os defensores não levarão vantagem.

21. Invada um território fértil para suprir seu exército de alimentos.

[Cf. supra, § 13. Li Ch'uan prefere não comentar.]

22. Cuide do bem-estar dos seus homens,

[Para Wang Hsi, "bem-estar" quer dizer: "Seja carinhoso, demonstre alegria, forneça bastante comida e bebida, e cuide de suas necessidades em geral".]

e não os sobrecarregue. Concentre sua energia e poupe suas forças.

[Ch'en cita a linha de ação adotada em 224 a.C. pelo famoso general Wang Chien, cuja genialidade militar foi a maior responsável pelo sucesso do primeiro imperador. Ao invadir o Estado de Ch'u, uma resistência foi formada em oposição. Mas ele, incerto do estado mental de seu exército, decidiu recusar todos os desafios de luta e permanecer firme na defensiva. De nada adiantaram as tentativas do general de Ch'u em forçar uma batalha: dia após dia Wang Chien continuou protegido por suas muralhas, e dedicou todo o seu tempo e energia para conquistar a afeição e a confiança dos seus soldados. Deu a eles uma boa alimentação, compartilhando suas próprias refeições, e empregou métodos criteriosos de gratificação para torná-los um grupo homogêneo e leal. Após algum tempo, pediu a seus oficiais de confiança que descobrissem como seus homens estavam divertindo-se. A resposta foi que eles estavam competindo em levantamento de peso e salto a distância. Quando Wang Chien ficou sabendo dessas atividades físicas, percebeu que o espírito de seus homens estava elevado, então estavam prontos para lutar. O exército de Ch'u, após inúmeros desafios rejeitados, marchou para o leste desgostoso. Então, o general de Ch'in saiu imediatamente em sua perseguição e em combate massacrou a todos. Pouco depois, todo o Estado de Ch'u foi conquistado por Ch'in e o Rei Fu-ch'u, aprisionado.]

Mantenha seu exército sempre em movimento

[Para que o inimigo não saiba exatamente onde você está. Entretanto, acredito que a verdadeira interpretação deva ser "una seu exército".]

e delineie planos insondáveis.

23. Posicione seus soldados sem escapatória e eles preferirão morrer a fugir. Se precisarem enfrentar a morte, nada será impossível.

[Chang Yu cita Wei Liao Tzu (cap. 3): "Se um homem corre enfurecido pelo mercado com uma espada, e todos tentam esquivar-se do seu caminho, é como não deixar um homem de coragem sozinho em meio a covardes desprezíveis. A verdade é que um homem desesperado e um homem que já estabeleceu alguns valores para sua vida não se encontram nos mesmos termos".]

Oficiais e soldados rasos darão igualmente seu máximo.

[Chang Yu observa que: "Se eles estiverem juntos em uma situação difícil, certamente empregarão a força conjunta para escapar dela".]

24. Quando estão em uma situação desesperadora, os soldados perdem a noção de medo. Se não houver possibilidade de fuga, devem permanecer firmes em suas posições. Se estiverem em território hostil, devem demonstrar uma persistente ousadia. Se não houver outra saída, devem lutar com todas as forças.

25. Diante disso, mesmo sem estarem preparados, os soldados estarão sempre em alerta; mesmo sem serem orientados, estarão prontos para fazer a sua vontade;

[Literalmente, "não peças e receberás".]

sem restrições, serão fiéis; sem orientação, serão confiáveis.

26. Proíba a profetização de presságios e elimine as superstições. Nenhuma outra calamidade deve ser temida até que venha a própria morte.

[Os supersticiosos, "unidos por dúvidas e temores", transformam-se em inúteis covardes muito antes de sua verdadeira morte. Tu Mu cita Huang Shih-kung: "Magias e encantamentos devem ser rigorosamente proibidos; nenhum oficial deve ter a permissão de recorrer a divindades para saber a sorte de um exército, pois o medo perturbaria seriamente os soldados. Ou seja, se todas as dúvidas e hesitações forem descartadas, os soldados lutarão arduamente até a morte".]

27. Se nossos soldados não estão abarrotados de dinheiro, não é porque desprezam a riqueza; se sua vida não é longa, não é porque desprezam a longevidade.

[Chang Yu tem a melhor observação sobre essa passagem: "Riqueza e vida longa são coisas pelas quais todos os homens naturalmente anseiam. Portanto, se desprezam seus bens e sacrificam sua vida, não é por vontade própria, mas simplesmente porque não têm escolha". Sun Tzu insinua que, como soldados são, em primeiro lugar, seres humanos, cabe ao general cuidar para que as tentações, como fugir da luta e enriquecer, não os seduzam.]

28. No dia da batalha, seus soldados podem chorar;

[A palavra em chinês é "lamentar", indicando muito mais uma tristeza genuína do que propriamente lágrimas.]

alguns sentados, umedecendo seus uniformes, e outros deitados, permitindo que as lágrimas escorram pelo rosto.

[Não em razão de medo, mas porque, como diz Ts'ao Kung, "todos estão resignados a lutar ou morrer". Como sabemos, os heróis da *Ilíada* demonstravam suas emoções de uma forma inocente. Chang Yu cita a triste separação, junto ao rio I, entre Ching K'o e seus amigos, quando ele foi enviado para assassinar o Rei de Ch'in (futuro primeiro imperador) em 227 a.C. As lágrimas de todos caíram como chuva quando ele acenou em adeus, e disse: "O vento estridente sopra gelado a nossa volta; seu campeão vai embora — para nunca mais voltar".][1]

Mas, quando trazidos à realidade, lutarão com a mesma coragem de um Chu ou Kuei.

[Chu era o nome pessoal de Chuan Chu, um nativo do Estado de Wu e contemporâneo do próprio Sun Tzu, empregado por Kung-tzu Kuang, mais conhecido como Ho Lu Wang, para assassinar seu soberano Wang Liao com uma adaga escondida dentro de um peixe que seria servido em um banquete. Ele conseguiu realizar o feito, mas foi imediatamente morto pela guarda real. Isso ocorreu em 515 a.C. O outro herói foi Ts'ao Kuei (ou T'sao Mo); ele realizou uma proeza que tornou seu nome famoso 166 anos mais cedo, em 681 a.C. O Estado de Lu fora derrotado três vezes por Ch'i, e estava prestes a acertar a rendição de um grande pedaço de território, quando Ts'ao Kuei subitamente capturou Huan Kung, Duque de Ch'i, que estava em seu altar, e segurou uma adaga contra seu peito. Nenhum dos guardas do duque ousou mover um músculo, e Ts'ao Kuei exigiu restituição total, dizendo que Lu estava sendo tratado injustamente porque era um Estado pequeno e fraco. Huan Kung, com medo de perder a vida, foi obrigado a consentir; imediatamente Ts'ao Kuei guardou sua adaga e, sem qualquer constrangimento, retomou seu lugar entre as pessoas aterrorizadas que lá se reuniam. Como esperado, o duque tentou anular o acordo, mas seu sábio conselheiro Kuan Chung o alertou que seria uma indelicadeza quebrar sua promessa. E a conclusão foi que essa manobra ousada devolveu ao Estado de Lu tudo que havia perdido nas três intensas batalhas.]

29. O estrategista habilidoso pode ser comparado a uma *Shuai-jan*, uma cobra que pode ser encontrada nas montanhas de Ch'ang.

[Shuai-jan significa "subitamente" ou "rapidamente". A cobra em questão provavelmente recebeu o nome em razão da rapidez de seus movimentos. O nome em chinês será usado até o fim desta passagem com o sentido de "manobras militares".]

Acerte a cabeça, e ela atacará com a cauda; acerte a cauda, e ela atacará com a cabeça; acerte-a no meio, e ela atacará com a cabeça e a cauda ao mesmo tempo.

30. Caso indagado se um exército pode ser treinado para imitar uma *Shuai-jan*,

[Como diria Mei Yao-ch'en: "Seria possível fazer que a frente e a retaguarda de um exército revidassem rapidamente a um ataque, como se fossem uma única parte de um corpo vivo?".]

direi que *sim*. Pois os homens de Wu e os homens de Yueh são inimigos;

[Veja capítulo VI § 21.]

e, ainda sim, se estiverem atravessando um rio num mesmo barco e forem pegos por uma tempestade, ajudarão uns aos outros como a mão direita ajuda a esquerda.

[Isso significa que: Se inimigos ajudam uns aos outros em um momento de dificuldade, podemos imaginar a intensidade da união de duas partes num mesmo exército, assim ligadas pelos mesmos interesses e sentimentos. Contudo, muitas campanhas são arruinadas por falta de cooperação, especialmente quando os exércitos são aliados.]

31. Portanto, não é suficiente depositarmos toda a nossa confiança nas rédeas dos cavalos e no apoio das rodas de nossos carros no chão.

[Esses curiosos artifícios de impedir um exército de fugir nos fazem lembrar do herói ateniense Sofanes, que se prendeu a uma âncora durante a batalha de Plateias. [Veja *Herodotus*, IX. 74.] Não é suficiente, diz Sun Tzu, tornar a fuga impossível por meios mecânicos. Sem que seus homens tenham tenacidade e unidade de propósito e, acima de tudo, um espírito de cooperação solidário, você não obterá sucesso. Essa é a lição que podemos aprender com a *Shuai-jan*.]

32. O princípio para formar um exército estabelece um padrão de coragem que todo soldado deve alcançar.

[Literalmente, "faça que a coragem de todos tenha a mesma proporção". Se o exército ideal é aquele formado por um todo orgânico e único, então a determinação e o espírito das suas partes devem possuir a mesma qualidade, ou não devem estar abaixo de um certo padrão. A descrição aparentemente ingrata de Wellington sobre seu exército em Waterloo, como sendo "o pior que já comandou", quis apenas apontar sua deficiência em termos de unidade de espírito e coragem. Caso não tivesse previsto as deserções belgas e cuidadosamente mantido suas tropas recuadas, ele certamente teria perdido a batalha naquele dia.]

33. Como aproveitar o máximo das posições fortes e fracas — essa é uma questão que envolve o uso adequado do terreno.

[Para Yao-ch'en: "Uma forma de eliminar as diferenças entre posições fortes e fracas, e tornar ambas úteis, é utilizar as condições inesperadas do terreno". Tropas menos confiáveis, se colocadas em posições fortes, permanecerão tão firmes quanto tropas confiáveis em terrenos expostos. A vantagem da posição neutraliza a inferioridade de força e coragem. O Coronel Henderson diz: "Com todo respeito aos manuais e aos ensinamentos estratégicos comuns, estou inclinado a acreditar que o estudo do terreno é quase sempre negligenciado, e que pouca importância é dada à escolha de posições, e outras inúmeras vantagens, que podem ser conquistadas com a utilização das condições naturais do terreno, quando se ataca ou defende".] [2]

34. Portanto, o general experiente conduz seu exército com se estivesse liderando um único homem pela mão, a contragosto ou não.

[Tu Mu diz: "O interessante é a facilidade com que ele faz isso".]

35. É obrigação do general assegurar sigilo, ser uma pessoa correta e justa, e sempre manter a ordem.

36. Ele deve ser capaz de enganar seus oficiais e soldados rasos com aparências e relatórios falsos,

[Literalmente, "enganar seus olhos e ouvidos".]

mantendo-os em completa desinformação.

[Ts'ao Kung fornece um de seus mais excelentes aforismos: "As tropas devem ser proibidas de compartilhar suas estratégias no início, podendo apenas comemorar com você o sucesso obtido". "Enganar, burlar e surpreender o inimigo" é um dos primeiros princípios em uma guerra, como já observado anteriormente. Mas e o outro processo — a mistificação do seu próprio exército? Aqueles que acreditam que Sun Tzu dava muita ênfase a isso deveriam ler as observações do Coronel Henderson sobre a campanha de Stonewall Jackson: "Os esforços infinitos que Jackson empregou para esconder — mesmo dos seus oficiais mais confiáveis — seus movimentos, intenções e pensamentos seriam considerados inúteis por um comandante menos cuidadoso", etc. [3] No ano 88 d.C., como podemos ler no capítulo 47 do *Hou han shu*, "Pan Ch'ao levou aos campos de batalha, de Khotan e de outros Estados da Ásia Central, 25 mil homens para esmagar Yarkand. O Rei de Kutcha contra-atacou enviando seu principal comandante para defender o local, com um exército formado pelos reinos de Wen-su, Ku-mo e Wei-t'ou, totalizando 50 mil soldados. Pan Ch'ao reuniu seus oficiais e o rei de Khotan para uma conferência sobre a guerra e disse: 'Nossas forças são numericamente inferiores e incapazes de enfrentar o inimigo cara a cara. O melhor plano é nos separarmos e nos dispersarmos em diferentes direções. O Rei de Khotan voltará pela rota leste, e eu pela oeste. Vamos esperar até que os tambores toquem para começarmos". Pan Ch'ao libertou secretamente os prisioneiros que havia feito, e eles contaram ao Rei de Kutcha os planos do inimigo. Exultante pela notícia, o Rei de Kutcha enviou imediatamente dez mil cavaleiros para bloquear a retirada de Pan Ch'ao pelo oeste, enquanto o Rei de Wen-su foi para o leste com oito mil cavaleiros para interceptar o Rei de Khotan. Assim que Pan Ch'ao soube da partida dos líderes, chamou suas divisões, organizou-as e, ao amanhecer, lançou-as contra o exército de Yarkand, que estava acampado. Os bárbaros, em completo pânico, fugiram em meio a confusão e foram perseguidos por Pan Ch'ao. Na ocasião, mais de cinco mil soldados foram capturados e exibidos como troféus, além de muitos cavalos, cabeças de gado e bens variados. Com a rendição de Yarkand, Kutcha e os outros reinos retiraram suas forças. Daquele momento em diante, o prestígio de Pan Ch'ao intimidou completamente os territórios ao oeste. Nesse caso, o general chinês manteve seus oficiais desinformados dos seus verdadeiros planos, e ainda foi capaz de ser ousado ao dividir seu exército para enganar o inimigo.]

37. Alterando a organização e mudando seus planos

[Wang Hsi acredita que isso quer dizer "não usar a mesma estratégia duas vezes".]

você manterá o inimigo completamente desinformado.

[Numa citação em outra obra, Chang Yu diz: "A máxima de que a guerra é baseada na decepção não se aplica apenas à decepção do inimigo. Você deve enganar até seus próprios soldados. Faça que eles o sigam sem que saibam o motivo".]

Ao transferir o acampamento de lugar e tomar rotas tortuosas, você impedirá que o inimigo antecipe seus planos.

38. No momento crítico, o líder de um exército age como alguém que subiu a uma altura e de lá derrubou a escada de propósito. Ele leva seus homens para um território hostil antes de demonstrar suas verdadeiras intenções.

[Literalmente, "fecha a porta, e joga a chave fora". [Veja capítulo V § 15]. Ou seja, torna impossível para o exército bater em retirada — assim como Hsiang Yu, que afundou seus barcos após atravessar o rio. Ch'en Hao, acompanhado por Chia Lin, traduzem essas palavras como "use todos os artifícios à sua disposição".]

39. Ele queima seus barcos e quebra suas panelas; como um pastor guiando seus carneiros, ele leva seus soldados para todos os lados, e ninguém sabe aonde ele vai.

[Tu Mu diz: "O exército sabe apenas das ordens para avançar e recuar; não tem a mínima ideia do propósito do ataque e da conquista".]

40. Reunir seus comandados e levá-los ao perigo; essa pode ser a obrigação do general.

[Segundo Sun Tzu, após a mobilização do exército, não deve haver demora no ataque contra o inimigo. Perceba como ele sempre enfatiza esse ponto. Entre os Estados guerreiros da China antiga, a deserção foi, sem dúvida, o temor mais real, a pior coisa já presenciada pelo exército até os dias de hoje.]

41. As diferentes medidas apropriadas às nove variedades de terreno,

[Chang Yu observa que: "Não se deve interpretar de forma conservadora as regras para as nove variedades de terreno".]

as vantagens das estratégias agressivas e defensivas, e as leis fundamentais da natureza humana são fatores a ser estudados.

42. Ao invadir um território hostil, parta do princípio de que penetrar profundamente gera coesão; e penetrar de forma superficial provoca dispersão.

[Veja supra, § 20.]

43. Ao deixar seu território para trás e levar seu exército para o território vizinho, você estará em um terreno crucial.

[Esse "terreno" é curiosamente mencionado no capítulo VIII § 2, mas não aparece entre as Nove Situações ou as Seis Calamidades, mencionadas no capítulo X. Nosso primeiro impulso é interpretá-lo como "terreno distante"; mas, se pudermos confiar nos comentaristas, esse não será o significado. Mei Yao-ch'en diz que se refere a "uma posição não suficientemente avançada para ser *acessível* nem suficientemente próxima de casa para ser *dispersiva*, mas alguma coisa entre as duas". Wang Hsi diz: "É um terreno separado de casa por um Estado interjacente, cujo território temos de atravessar para alcançá-lo. Portanto, é nossa obrigação estabelecer com rapidez o propósito". Ele também observa que tal posição é rara, por isso não está entre as Nove Situações.]

Quando há comunicação entre todos os quatro lados, o terreno possui o cruzamento de várias estradas.

44. Quando você penetra profundamente em um território, o terreno é considerado *crítico*. Quando você penetra superficialmente, o terreno é considerado *acessível*.

45. Quando você tem a força do inimigo na retaguarda e passagens estreitas à frente, o terreno é considerado *confinado*. Quando não há possibilidade de fuga, o terreno é considerado *perigoso*.

46. Portanto, em terreno dispersivo, inspire seus homens com o espírito de unidade.

[De acordo com Tu Mu, isso é feito permanecendo na defensiva e evitando uma luta.] [Cf. supra, § 11.]

Em terreno acessível, veja se há uma ligação instantânea entre todos os setores do exército.

[Como Tu Mu diz, o objetivo é ficar atento a duas possibilidades: "(1) A deserção das suas tropas; (2) Um ataque súbito por parte do inimigo". [Veja capítulo VII § 17.] Mei Yao-ch'en diz: "Durante a marcha, os regimentos devem ficar próximos uns dos outros; em um acampamento, deve haver continuidade entre as fortificações".]

47. Em terreno contencioso, acelere a retaguarda.

[Essa é a interpretação de Ts'ao Kung. Chuang Yu adota essa interpretação dizendo: "Devemos rapidamente juntar nossa frente e retaguarda para que ambas possam alcançar o seu objetivo juntas". Ou seja, não devemos permitir que fiquem distantes. Mei Yao-ch'en oferece outra explicação igualmente plausível: "Se o inimigo ainda não houver alcançado a posição desejada e estivermos atrás dele, devemos avançar rapidamente para tentar chegar primeiro". Ch'en Hao, por outro lado, supondo que o inimigo teve mais tempo de escolher seu próprio terreno, cita o capítulo VI § 1, no qual Sun Tzu nos alerta a não chegarmos exaustos para um ataque. Sua própria ideia de situação é expressa de uma forma superficial: "Se houver uma posição disponível à sua frente, envie alguns soldados para ocupá-la; então, se o inimigo, contando com seu maior número de soldados, atacar, você poderá retaliar rapidamente com o seu maior contingente pela retaguarda, e a vitória será certa". Foi assim, concluiu, que Chao derrotou o exército de Ch'in. Veja p. 67.]

48. Em terreno aberto, vigie bem de perto suas defesas. Num território onde estradas se cruzam, consolide suas alianças.

49. Em terreno crítico, assegure a continuidade do fluxo de suprimentos.

[Os comentaristas entendem que isso corresponde à forragem e pilhagem; e não, como se poderia esperar, a uma quebra de comunicação com a base central.]

Em terreno árduo, continue avançando pela estrada.

50. Em terreno confinado, elimine qualquer possibilidade de recuo.

[Meng Shih diz: "Fingir que quero defender uma posição, enquanto a minha verdadeira intenção é romper as linhas inimigas". Mei Yao-ch'en diz que "é para fazer que os soldados lutem desesperados". Wang Hsi adianta que "o medo fará que meus homens não fiquem tentados a fugir". Tu Mu observa que essa situação pode ser encontrada no capítulo VII § 36, onde o inimigo está cercado. Em 532 d.C., Kao Huan, mais tarde imperador, entronizado como Shen-wu, foi cercado por um numeroso exército sob o comando de Erh-chu Chao e outros. Seu próprio exército era comparativamente pequeno, de apenas dois mil cavaleiros. Tinha uma infantaria formada por cerca de 30 mil soldados. As linhas de avanço não estavam próximas umas das outras, permitindo falhas em alguns pontos. Mas Kao Huan, em vez de tentar escapar, fez uma manobra para bloquear as saídas restantes, levando até elas bois e burros amarrados uns aos outros. Assim que seus oficiais e soldados perceberam que não havia outra alternativa a não ser vencer ou morrer, suas forças aumentaram extraordinariamente e, fortificadas por uma ferocidade desesperadora, fizeram que as defesas do inimigo sucumbissem diante do violento ataque.]

Em terreno perigoso, diga a seus soldados que não haverá chance de sobrevivência.

[Tu Yu diz: "Queime seus pertences, jogue fora seus suprimentos, obstrua os poços, destrua suas panelas, faça planos que dificultem a sobrevivência de seus soldados para que eles tenham de lutar até a morte". Mei Yao-ch'en diz: "A única chance de sobrevivência ocorre quando perdemos toda nossa esperança". Isso conclui o que Sun Tzu tem a dizer sobre "terreno" e suas "variações". Ao revermos as passagens referentes a esse assunto importante, não deixamos de ficar impressionados com a forma incoerente e desorganizada com a qual é tratado. No capítulo VIII § 2, Sun Tzu começa a enumerar abruptamente as "variações" antes mesmo de falar sobre "terrenos", e apenas menciona cinco, números 7,5,8 e 9 da lista subsequente, e um que não está incluído nela. Algumas variedades de terreno são citadas no início do capítulo IX, e depois no X observa-se seis novos terrenos, associados a seis variações de planejamento. Nada disso é citado novamente, embora o primeiro terreno mal possa ser diferenciado, no próximo capítulo, do terreno número 4. Finalmente, no capítulo XI, chegamos aos Nove Terrenos e às suas variações. Isso nos leva ao § 14. Nos § 43-45, são fornecidas novas definições para os terrenos 7, 5, 8 e 9 (nessa ordem), como também para o décimo terreno citado no capítulo VIII; e finalmente, as nove variações são enumeradas, mais uma vez, do início ao fim; todas, menos a 5, 6 e 7, por serem diferentes das previamente fornecidas. Mesmo sendo impossível confiar plenamente no estado do texto de Sun Tzu, podemos levantar algumas questões: (1) O capítulo VIII, de acordo com o título, deve lidar com nove variações, mas apenas cinco são observadas. (2) É um capítulo estranhamente curto. (3) O capítulo XI é intitulado "Os Nove Terrenos". Muitos deles são definidos duas vezes; além disso, há duas listas distintas das suas variações correspondentes. (4) O tamanho do capítulo é inapropriado, pois é duplamente maior do que qualquer outro capítulo, exceto o IX. A minha intenção não é tirar conclusões a partir desses fatos, apenas observar que a obra de Sun Tzu pode não ter chegado até nós da mesma forma que foi escrita: o capítulo VIII está alterado e provavelmente fora de ordem, enquanto o XI parece conter passagens que foram acrescentadas mais tarde ou retiradas de outro texto.]

51. Pois o soldado tende a oferecer uma forte resistência quando cercado, lutar de forma árdua quando não há mais nada a fazer, e a obedecer prontamente quando em perigo.

[Chang Yu faz referência à conduta dos seguidores devotos de Pan Ch'ao em 73 d.C. A história é contada no *Hou han shu*, cap. 47: "Quando Pan Ch'ao chegou a Shan-shan, foi recebido inicialmente com muita educação e respeito pelo rei Kuang; mas, pouco depois, o comportamento do rei mudou bruscamente e ele começou a agir de forma desleixada e negligente. Pan Ch'ao fez uma observação aos seus oficiais sobre isso: Vocês notaram que as intenções cordiais de Kuang estão diminuindo? Isso quer dizer que recebeu enviados dos bárbaros nórdicos, e agora está indeciso, sem saber que lado deve escolher. Com certeza, esse é o motivo. O verdadeiro sábio, ao que parece, pode observar coisas antes que elas aconteçam; então, quantas já se manifestaram!'. Por causa disso, Pan Ch'ao chamou um dos nativos que estava a seus serviços, e preparou-lhe uma armadilha dizendo: Onde estão os enviados de Hsiung-nu que chegaram ontem?'. O nativo ficou tão surpreso e temeroso que acabou entregando toda a verdade. Pan Ch'ao, que mantinha seu informante cuidadosamente fechado a sete chaves, convocou uma reunião com seus oficiais, trinta e seis ao todo, e começou a beber com eles. Quando o vinho já fazia um pouco do seu efeito, ele tentou levantar ainda mais o espírito do grupo dizendo: Senhores, aqui estamos no coração de uma região isolada, ansiosos para alcançar riquezas e honra por meio de feitos extraordinários. O problema é que um embaixador de Hsiung-nu chegou até este reino há alguns dias, e isso fez que a cortesia respeitosa que nos foi estendida pelo nosso anfitrião real desaparecesse. Se esse enviado prevalecer sobre nós, seremos entregues a Hsiung-nu e nossos ossos servirão de comida para os lobos do deserto. O que devemos fazer?'. No mesmo tom, os oficiais responderam: 'Em face do destino que nos aguarda, vamos seguir nosso comandante até a morte se necessário'". Para a conclusão dessa aventura, veja o capítulo XII § 1, nota.]

52. Não podemos fazer alianças com príncipes vizinhos até que saibamos suas verdadeiras intenções. Não estamos prontos para comandar um exército em ação, a menos que estejamos familiarizados com o território: suas montanhas e florestas, perigos e

precipícios, brejos e pântanos. Seremos incapazes de tirar proveito das vantagens naturais, a menos que utilizemos guias locais.

[Essas passagens são repetidas no capítulo VII § 12-14 objetivando enfatizar sua importância, pensam os comentaristas. Eu prefiro pensar que estão inseridas aqui para proporcionar um antecedente às passagens posteriores. Com relação aos guias locais, Sun Tzu pode ter dito que sempre há riscos, por traição ou algum mal-entendido, como registra Livy [XXII. 13]: "Foi-nos dito que Aníbal ordenou que um guia o levasse à vizinhança de Casinum, onde havia uma importante passagem a ser ocupada; mas seu sotaque cartaginês, não sendo adequado para a pronúncia de nomes latinos, fez que o guia entendesse Casilinum em vez de Casinum, e levasse o exército para a direção errada; o erro só foi descoberto um pouco antes do fim da jornada".]

53. Não convém a um príncipe guerreiro desconhecer os próximos quatro ou cinco princípios.

54. Quando um príncipe guerreiro ataca um Estado poderoso, seu generalato revela-se ao evitar a concentração das forças inimigas. Derrota seus inimigos e, assim, impede que seus aliados unam-se contra ele.

[Mei Yao-ch'en elabora uma linha de raciocínio muito influenciada pelo povo chinês: "Ao atacar um Estado poderoso, se você conseguir dividir suas forças, terá uma vantagem numérica; se conseguir uma vantagem numérica, derrotará o inimigo; se derrotar seu inimigo, os Estados vizinhos ficarão assustados e os possíveis aliados do inimigo pensarão duas vezes antes de se unirem a ele". A próxima observação oferece uma ideia mais sólida: "Se o Estado mais forte for derrotado (antes que possa reunir seus aliados), os Estados mais fracos ficarão temerosos e deixarão de unir suas forças". Ch'en Hao e Chang Yu entendem a passagem de outra forma. O primeiro diz: "Ao atacar um Estado poderoso, caso consiga dividir suas forças, terá a superioridade numérica; caso consiga a superioridade numérica, derrotará o inimigo; e se você derrotar o inimigo, os Estados vizinhos ficarão assustados, e os aliados do inimigo pensarão duas vezes antes de se unirem a ele". Chang Yu também faz sua observação: "Se atacarmos um Estado grande de forma imprudente, nossos soldados ficarão descontentes e hesitantes. E se nossa força militar for inferior (pela metade) à do inimigo, os outros líderes ficarão temerosos e recusarão qualquer aliança.]

55. Portanto, não procure aliar-se a tudo e a todos, nem se interesse pelo poder de outros Estados. Tenha seus próprios projetos e manterá seus inimigos aterrorizados.

[A linha de pensamento, de acordo com Li Ch'uan, parece ser esta: Impeça a união dos seus inimigos, "rejeite alianças e procure somente seus próprios projetos, pois seu prestígio lhe permitirá dispensar amizades externas".]

Assim será capaz de tomar cidades e derrubar reis.

[Esse parágrafo, embora tenha sido escrito antes de o Estado de Ch'in tornar-se uma ameaça séria, não é um resumo ruim da política pela qual os Seis Conselheiros famosos gradualmente abriram caminho para o triunfo final de Ch'in sob o reinado de Shih Huang Ti. Chang Yu, seguindo sua observação anterior, acha que Sun Tzu está condenando essa atitude de egoísmo puro e isolamento arrogante.]

56. Conceda recompensas sem se preocupar com as regras,

[Wu Tzu (cap. 3) com menos sobriedade diz: "Que o avanço seja bem recompensado e a retirada severamente punida".]

dê ordens

[Literalmente, pendure ou cole.]

sem considerar arranjos anteriores,

[De acordo com Wang Hsi, "para evitar traições". A ideia geral é explicada pela citação de Ts'ao Kung, retirada do *Ssu-ma fa*: "Apenas passe instruções ao avistar o inimigo; apenas dê recompensas quando realmente merecidas". Ts'ao Kung explica: "As instruções finais que você dá ao seu exército não devem ser as mesmas que foram previamente penduradas, ou coladas". Chang Yu simplifica isso da seguinte forma: "Seus planos não devem ser divulgados com antecedência". E Chia Lin diz: "Não deve haver fixidez em suas regras e em seus planos". Deixar seus planos serem conhecidos não é o único perigo, pois a guerra necessita com frequência de sua reversão total justamente no último minuto.]

e será capaz de comandar um exército inteiro como se fosse um único homem.

[Cf. supra, § 34.]

57. Confronte seus soldados com a proeza; nunca deixe que saibam seus planos.

[Literalmente, "não use palavras"; isto é, não dê explicações para suas ordens. *Lord* Mansfield disse certa vez a um colega para "não explicar os motivos" das suas decisões, e essa máxima é ainda mais aplicável a um general do que a um juiz.]

Quando a perspectiva for boa, conte a eles; mas não diga nada quando a situação não for das melhores.

58. Coloque seu exército em situações de risco e ele sobreviverá; leve-o para desfiladeiros perigosos e ele sairá ileso.

[Essas palavras de Sun Tzu foram citadas por Han Hsin para explicar estratégias empregadas em suas batalhas mais brilhantes. Em 204 a.C., ele foi enviado para enfrentar o exército de Chao, parando a 16 km da entrada do estreito de Ching-hsing, onde o inimigo havia reunido todas as suas forças. Então, à meia-noite, destacou um corpo de dois mil cavaleiros, e deu a cada homem uma flâmula vermelha. Os soldados foram instruídos a atravessar os desfiladeiros estreitos e observar secretamente o inimigo. Han Hsin disse: "Quando os homens de Chao me virem fugindo abandonarão suas fortificações e virão ao nosso encontro. Esse é o sinal para que vocês invadam o local, removam as flâmulas de Chao e coloquem em seu lugar as flâmulas vermelhas de Han". Em seguida, virando-se para os outros oficiais, frisou: "Nosso inimigo está em uma posição fortalecida e não sairá para nos atacar até que veja a flâmula e os tambores do comandante, pois temerá que eu recue e fuja pelas montanhas". Assim, em primeiro lugar enviou um destacamento de dez mil homens, ordenando-lhes que formassem uma frente de batalha com a retaguarda para o rio Ti. Vendo essa manobra, o exército inteiro de Chao caiu na gargalhada. A essa altura já era dia e Han Hsin, exibindo a flâmula do comandante, surgiu do estreito com os tambores tocando e foi imediatamente atacado pelo inimigo. Uma grande batalha desenvolveu-se durante algum tempo, até que Han Hsin e seu companheiro Chang Ni, abandonando suas flâmulas e tambores no campo de batalha, fugiram em direção ao destacamento que estava junto ao rio, onde outra batalha violenta estava em curso. O inimigo apressou-se para persegui-los e assegurar a vitória, abandonando assim sua defesa; mas os dois generais conseguiram alcançar o outro exército, que lutava desesperadamente. Era chegada a hora de os dois mil cavaleiros fazerem sua parte. Tão logo perceberam que os homens de Chao os acompanhavam galoparam para trás das muralhas abandonadas, rasgaram as bandeiras do inimigo e as substituíram pelas de Han. Quando o exército de Chao voltou da perseguição, o sinal das bandeiras vermelhas encheu-os de terror. Convencidos de que os homens de Han haviam entrado e dominado seu rei, irromperam em verdadeira selvageria, e os esforços do seu comandante para acabar com o pânico foram inúteis. Depois, o exército de Han veio sobre eles, dos dois lados, provocando mais confusão, matando muitos homens e capturando os demais, sendo que o próprio Rei Ya estava entre eles... Depois da batalha, alguns dos oficiais de Han Hsin vieram ao seu encontro e disseram: "Na Arte da Guerra, compreendemos que é importante que tenhamos uma colina ou uma pequena elevação de terreno na retaguarda, à direita, e um rio ou um brejo na frente, à esquerda. [Isso parece ser uma mescla dos escritos de Sun Tzu e de T'ai Kung — veja no capítulo IX § 9 e nota.] O senhor, pelo contrário, ordenou que posicionássemos nossas tropas com o rio à retaguarda. Sob tais condições, como o senhor conseguiu alcançar a vitória?". O general respondeu: "Acho que os cavalheiros não estudaram *A Arte da Guerra* com o devido cuidado. Não está escrito lá: 'Arraste o seu exército a grandes dificuldades e ele terá êxito; coloque-o em perigo mortal e ele sobreviverá'? Tivesse eu feito o habitual, nunca teria conseguido trazer meus colegas de volta. É como diz o Clássico Militar: 'Desça ao mercado, onde os soldados devem estar bebendo, e ordene-lhes que saiam para lutar' [esta passagem não consta no texto de Sun Tzu]. Se eu não tivesse colocado minhas tropas em posição em que os homens fossem obrigados a lutar pela vida, mas se tivesse permitido que cada homem exercesse seu livre-arbítrio, teria havido uma debandada geral, o que tornaria impossível que se fizesse qualquer coisa com eles". Os oficiais admitiram a força do argumento e disseram: "Há táticas que estão acima da nossa capacidade". Veja *Ch'ien han shu*, capítulo 34, ff. 4, 5.]

59. Pois é precisamente quando uma força está em perigo que é capaz de vencer o combate que resulta na vitória.

[O perigo tem um efeito estimulante.]

60. Alcançamos o sucesso na guerra se calculadamente nos acomodamos ao objetivo do inimigo.

[Ts'ao Kung diz: "Finja ser tolo" — ou seja, demonstre inocência e você deixará o inimigo feliz. A observação de Chang Yu esclarece a situação: "Quando o inimigo mostra inclinação para avançar, atraia-o de forma a que ele realmente faça isso; se ele está ansioso para recuar, protele de propósito para que ele possa executar seus planos. O objetivo é fazer que ele se torne negligente e cheio de si antes que o ataquemos".]

61. Se persistirmos no flanco do inimigo,

[Entendo as primeiras palavras no sentido de "acompanhar o inimigo em uma direção". Diz Ts'ao Kung: "Reúna os soldados e contribua para com o inimigo". Mas tal mudança tempestuosa de papéis é bastante indefensável.]

venceremos mais cedo ou mais tarde

[Literalmente, "após 500 km".]

e mataremos o comandante.

[Este sempre é um ponto essencial para os chineses.]

62. Denomina-se isso "a habilidade para alcançar algo com total esperteza".

63. No dia em que você comandar, bloqueie as passagens na fronteira, destrua os registros oficiais

[Eram tábuas de bambu ou de madeira, cuja metade era dada como permissão ou passaporte pelo funcionário responsável pelo portão. De acordo com *Lun yu,* III 24, o "guarda de fronteira" pode ter tido deveres semelhantes. Quando a metade dada fosse reapresentada dentro de um período fixo, ele era autorizado a abrir o portão e permitir a passagem do viajante.]

e impeça o trânsito de todos os mensageiros.

[Para o território do inimigo ou vice-versa.]

64. Seja rigoroso na Câmara do Conselho,

[Não mostre o mínimo sinal de fraqueza e insista até que seus planos sejam ratificados pelo rei.]

para controlar a situação.

[Mei Yao-ch'en interpreta a frase como "Tome as mais estritas precauções para garantir total sigilo em suas deliberações".]

65. Se o inimigo deixar uma brecha, aproveite-a!

66. Evite o inimigo confiscando o que ele estima

[Cf. supra, § 18.]

e, com sutileza, tente determinar o tempo de sua chegada ao terreno.

[Segundo Ch'en Hao: "Se consigo apossar-me de uma posição favorável, mas o inimigo não aparece, a vantagem obtida de nada adiantará. Assim, aquele que pretende ocupar uma posição que o inimigo considera importante deve começar por marcar um encontro engenhoso, por assim dizer, com ele, e elogiá-lo por ter comparecido". Mei Yao-ch'en explica que esse "encontro engenhoso" deve ser promovido pelos próprios espiões do inimigo, que levarão apenas informações escolhidas. Depois, tendo habilidosamente revelado nossos planos, devemos conseguir chegar antes dele ao local marcado, mesmo tendo partido após o inimigo. [Veja capítulo VII § 4.] Devemos começar depois dele para garantir que ele marche até lá; devemos chegar antes dele com a finalidade de conquistar o território sem qualquer resistência. Assim entendido, o presente trecho dá algum suporte para a interpretação de Mei Yao-ch'en do § 47.]

67. Siga o caminho de costume

[Chia Lin afirma: "A vitória é a única coisa que importa; assim, não pode ser alcançada por uma adesão às leis de praxe". É triste que essa variante dependa de uma autoridade tão modesta, pois o significado produzido é muito mais satisfatório. Como sabemos,

Napoleão, de acordo com os veteranos da velha escola por ele derrotados, venceu suas batalhas com a violação de todas as leis comuns à guerra.]

e adapte-se ao inimigo até que possa travar uma batalha decisiva.

[Tu Mu diz: "Aja de acordo com as táticas do inimigo até que uma oportunidade de ataque apareça; depois, saia do esconderijo e lute de forma decisiva para vencer a batalha".]

68. Portanto, exiba a timidez de uma donzela até que o inimigo lhe dê uma brecha; em seguida, imite a rapidez de uma lebre em fuga e será tarde demais para que o inimigo apresente qualquer resistência.

[Como a lebre é notada por sua extrema timidez, a comparação não podia ser mais satisfatória. Naturalmente Sun Tzu só estava referindo-se à velocidade. As palavras foram usadas para significar o seguinte: Você deve fugir do inimigo com a mesma velocidade alcançada por uma lebre que esteja em fuga; mas isso é, com razão, rejeitado por Tu Mu.]

[1] *Giles Biographical Dictionary* (*Dicionário bibliográfico chinês de Herbert Giles*, tradução livre), p. 399.

[2] *The Science of War* (*A ciência da guerra*, tradução livre), p. 333.

[3] *Stonewall Jackson*, vol. I, p. 421.

XII. O ATAQUE PELO FOGO

[De certa forma, mais da metade do capítulo (§ 1-13) é reservada ao uso do fogo.]

1. Sun Tzu disse: Há cinco maneiras de atacar com fogo. A primeira é queimar os soldados em seus acampamentos;

[Segundo Tu Mu, Li Ch'uan diz: "Ponha fogo no acampamento e mate os soldados" (quando eles tentarem escapar das chamas). Pan Ch'ao, enviado em missão diplomática para falar com o Rei de Shan-shan (veja capítulo XI § 51, nota), viu-se em extremo perigo pela chegada inesperada de um mensageiro de Hsiung-nu (os inimigos mortais dos chineses). Consultando seus oficiais, ele exclamou: "Nunca se arrisque, não ganha nunca! [1] A única direção aberta para nós agora é efetuar um ataque com o uso do fogo sobre os bárbaros escondidos nas sombras da noite, quando eles não conseguirão discernir em quantos somos. Tirando vantagem do pânico deles, nós os exterminaremos por completo; isso vai esfriar a coragem do rei e vai cobrir-nos de glória, além de garantir o sucesso da nossa missão". Todos os oficiais responderam que seria necessário discutir o assunto primeiro com o intendente. Pan Ch'ao então enfureceu-se e gritou: "É hoje que o destino de cada um de nós será decidido! O intendente é apenas um civil estúpido, que, ao tomar ciência do nosso plano, certamente ficará com medo, e tudo será descoberto. Uma morte inglória não é um destino que valha para guerreiros destemidos". Todos concordaram em fazer o que ele queria. Assim sendo, logo que a noite chegou, ele e seu pequeno grupo rapidamente se deslocaram para o acampamento dos bárbaros. Uma forte ventania soprava na hora. Pan Ch'ao ordenou a dez do grupo que pegassem os tambores e se escondessem atrás do alojamento do inimigo, sendo combinado que, quando eles vissem as chamas crescerem, deveriam começar a bater nos tambores e gritar com toda a força. O resto de seus homens, com bestas e arcos e flechas, prepararou uma emboscada na entrada do acampamento. Então ele ateou fogo no lugar, a favor do vento, enquanto um barulho ensurdecedor de tambores e gritos crescia no fronte e na retaguarda de Hsiung-nu, que corria confuso de um lado para o outro. Pan Ch'ao matou três deles com suas próprias mãos, enquanto seus companheiros degolavam o mensageiro e trinta homens de sua comitiva. Os remanescentes, mais do que cem ao todo, morreram carbonizados. No dia seguinte, Pan Ch'ao, adivinhando os seus pensamentos, disse com uma das mãos levantada: "Embora você não nos tenha acompanhado na noite de ontem, eu não pensaria, senhor, em tomar os créditos somente para mim pela nossa façanha". Huo Hsun ficou satisfeito, e Pan Ch'ao, que mandara buscar Kuang, Rei de Shan-shan, mostrou-lhe a cabeça do mensageiro dos bárbaros. O reino inteiro ficou apavorado e trêmulo, e Pan Ch'ao soube aproveitar a oportunidade para acalmar a todos ao fazer um pronunciamento público. Depois, tomando os filhos do rei como reféns, voltou para apresentar seu relatório a Tou Ku. Veja *Hou han shu*, capítulo 47, ff. 1, 2.]

a segunda é queimar armazéns;

[Tu Mu afirma: "Provisões, combustível e alimento para os animais". Para subjugar a população rebelde de Kiangnan, Kao Keng recomendou a Wen Ti, da dinastia Sui, que fizesse ataques periódicos e queimasse seus armazéns de cereais, uma política que, no longo prazo, provou ser inteiramente bem-sucedida.]

a terceira é queimar comboios de mantimentos;

[Um exemplo é a destruição, promovida por Ts'ao Ts'ao, no ano 200 d.C., das carroças e bagagens militares de Yuan Shao.]

a quarta é queimar arsenais e paióis;

[Tu Mu conta que as coisas guardadas nos "arsenais" e nos "armazéns" são as mesmas. Ele especifica armas e outros utensílios, lingotes de ouro e prata, e vestimentas. Veja capítulo VII, § 11.]

a quinta é lançar fogo sobre o inimigo.

[Tu Yu observa no *T'UNG TIEN*: "Lançar fogo no acampamento do inimigo. O método para se fazer isso é incendiar as pontas das flechas, passando-as por um braseiro, e depois arremessá-las ao acampamento do inimigo com o uso de arcos fortes".]

2. Para executar um ataque com fogo, devemos ter meios disponíveis.

[T'sao Kung pensa que nos referimos a "traidores no acampamento do inimigo". Todavia, é mais provável que Ch'en Hao esteja certo ao dizer: "Devemos ter circunstâncias favoráveis no geral, não simplesmente traidores para nos ajudar". Afirma Chia Lin: "Devemos nos beneficiar do vento e do tempo seco".]

O material para provocar um incêndio deve estar sempre pronto para uso imediato.

[Tu Mu sugere os seguintes materiais para provocar fogo: "vegetais secos, junco, galhos cortados, palha, graxa, óleo, etc.". Aqui temos a causa material. Chang Yu afirma: "vasilhas para juntar o fogo, substâncias para acender fogueiras".]

3. Há épocas propícias para realizar ataques com fogo e dias especiais para iniciar um incêndio.

4. A época certa é quando o tempo está muito seco; os dias especiais são quando a Lua está nas constelações da Peneira, da Muralha, da Asa ou da Trave;

[Essas são, respectivamente, a 7ª, a 14ª, a 27ª e a 28ª das vinte e oito Mansões Estelares correspondentes, *grosso modo*, a Sagitário, Pégaso, Taça e Corvo.]

pois todas as quatro marcam os dias de formação do vento.

5. Ao atacar com fogo, esteja preparado para enfrentar cinco possíveis desdobramentos:

6. (1) Quando o fogo irrompe no acampamento inimigo, responda imediatamente com um ataque externo.

7. (2) Se houver irrupção de fogo, mas o inimigo se mantiver em silêncio, espere o momento e não ataque.

[O objetivo principal de atacar com fogo é confundir o inimigo. Se isso não surtir efeito, o motivo é simples: o inimigo está esperando por nós. Daí a necessidade de cautela.]

8. (3) Quando a força das chamas chegar ao máximo, realize um ataque simultâneo, se possível; do contrário, fique onde está!

[Ts'ao Kung diz: "Se você encontrar uma brecha, avance; mas, se as dificuldades forem muitas, bata em retirada".]

9. (4) Se é possível atacar com fogo a partir do lado de fora, não espere que ele comece na parte interna, mas realize o ataque num momento favorável.

[Tu Mu diz que os parágrafos mencionados fazem referência ao início do incêndio (podemos supor que acidentalmente, ou pela ação de incendiários) em pleno acampamento do inimigo.

E diz mais: "Se o inimigo estiver sentado em um lugar em ruínas, cheio de mato, ou se tiver acampado em uma posição que possa ser queimada, devemos pôr fogo em tudo em qualquer oportunidade, e não alimentar a esperança da ocorrência de um ataque vindo do interior do acampamento, receando que os nossos inimigos queimem a vegetação no entorno, e assim interpretar nossas próprias tentativas como infrutíferas". O famoso Li Ling, certa vez, enganou o líder de Hsiung-nu dessa forma. Este, tendo a vantagem do vento favorável, tentou atear fogo no acampamento do general chinês, mas percebeu que toda a vegetação combustível do entorno já fora queimada. Por outro lado, Po-ts'ai, um general da Rebelião dos Turbantes Amarelos, sofreu esmagadora derrota no ano 184 d.C. justamente por negligenciar esta simples precaução. "À frente de um grande exército, ele estava sitiando Ch'ang-she, que estava sob o domínio de Huang-fu Sung. A guarnição era muito pequena, e um sentimento de nervosismo geral impregnou todos os homens; assim, Huang-fu Sung reuniu seus oficiais e disse: "Na guerra, há vários métodos indiretos de ataque, e os números não valem para tudo. [O comentarista aqui cita Sun Tzu, V. § 5, 6 e 10.] Agora os rebeldes montaram acampamento no meio do mato cerrado, que facilmente queimará quando o vento soprar. Se atearmos fogo à noite, eles vão entrar em pânico, e assim podemos fazer uma incursão e atacá-los por todos os lados ao mesmo tempo, imitando o feito de T'ien Tan." [Veja p. 111.] Naquela mesma noite, surgiu uma forte brisa; e Huang-fu Sung instruiu seus soldados a juntarem pedaços de bambu e junco para fazer tochas e montar guarda nas muralhas da cidade. Depois disso, enviou um grupo de homens valentes que furtivamente atravessaram a área para, entre gritos e berros, iniciarem o incêndio. Ao mesmo tempo, levantou-se uma claridade da muralha da cidade, e Huang-fu Sung, tocando seus tambores, comandou um rápido ataque que fez que os rebeldes ficassem confusos e se vissem obrigados a fugir. Veja *Hou han shu*, capítulo 71.]

10. (5) Quando iniciar um incêndio, fique na direção do vento. Nunca ataque a sota-vento.

[Chang Yu, seguindo o raciocínio de Tu Yu, diz: "Quando você provoca um incêndio, o inimigo vai fugir dele; se você dificultar a fuga e atacá-lo, ele vai lutar com desespero, o que não contribui para o seu êxito". Uma explicação mais óbvia é fornecida por Tu Mu: "Se o vento é leste, comece incendiando a leste do inimigo e acompanhe pessoalmente o ataque desse lado. Se você iniciar o incêndio a leste e só depois atacar do oeste, sofrerá tanto quanto o inimigo".]

11. Um vento que surge durante o dia é bastante demorado, mas uma brisa noturna logo desaparece.

[De acordo com a consideração de Lao Tzu': "Um vento violento não dura uma manhã inteira". [*Tao te ching*, capítulo 23]. Mei Yao-ch'en e Wang Hsi afirmam: "Uma brisa diurna termina com o anoitecer; uma brisa noturna, no amanhecer. É o que ocorre como regra geral". O fenômeno observado pode ser suficientemente correto, mas como o sentido pode ser abstraído não fica evidente.]

12. Em todo exército, as cinco situações relacionadas ao fogo devem ser conhecidas; o movimento das estrelas, calculado; e deve haver sempre uma sentinela posicionada para os dias apropriados.

[Diz Tu Mu: "Temos de fazer cálculos quanto às rotas das estrelas e observar os dias em que o vento surgirá, antes de realizar ataques com o uso do fogo". Chang Yu parece ter uma diferente interpretação: "Não devemos apenas atacar nossos inimigos com o fogo, mas também permanecer em alerta contra ataques semelhantes por parte deles".]

13. Em consequência, os que usam fogo para auxiliar o ataque demonstram inteligência; os que usam água para auxiliar o ataque têm uma força a mais.

14. Por meio da água, o inimigo pode ser interceptado sem que tenha todos os seus pertences roubados.

[Ts'ao Kung observa: "Podemos simplesmente obstruir a estrada do inimigo ou dividir seu exército, mas não acabar com tudo que tenha acumulado". A água pode ser útil, mas não tem o poder destrutivo do fogo. Chang Yu conclui: "Essa é a razão pela qual a água é descartada em vários casos, ao passo que o ataque com o emprego do fogo é discutido em detalhes". Wu Tzu (capítulo 4) assim fala dos dois elementos: "Se um exército está acampado em terreno baixo e pantanoso, no qual a água não consiga escoar, e onde esteja submetido a fortes pancadas de chuva, esse terreno pode ser submerso por uma enchente. Se um exército está acampado em largas áreas de pântano cerrado com ervas daninhas e arbustos crescidos, tal área pode ser exterminada pelo fogo".]

15. Triste é o destino do homem que tenta vencer batalhas e obter êxito nos ataques sem cultivar o espírito empreendedor; o resultado final é a perda de tempo e a estagnação geral.

[Essa é uma das passagens de Sun Tzu que provocam mais perplexidade. Diz Ts'ao Kung: "As recompensas pelo bom serviço não devem ser adiadas nem por um dia". E Tu Mu: "Se você não aproveitar a oportunidade para avançar e recompensar os merecedores, seus subordinados não irão cumprir suas ordens, e o desastre vai sobrevir". Por várias razões, no entanto, em vez da formidável disposição dos sábios que defendem outro ponto de vista, prefiro a interpretação sugerida pelo próprio Mei Yao-ch'en, cujas palavras citarei: "Aqueles que querem garantir êxito em seus combates e investidas devem aproveitar todos os momentos favoráveis quando surgem, e não retroceder diante de medidas heroicas: ou seja, devem recorrer a meios de ataque como fogo, água, e assim por diante. O que não devem fazer, haja vista que será um desastre, é ficarem quietos e simplesmente confiarem nas vantagens que já possuam".]

16. Daí o ditado: O governante iluminado faz seus planos com grande antecedência; o bom general cuida bem dos seus recursos.

[Tu Mu cita o seguinte trecho do *San lueh*, capítulo 2: "O príncipe guerreiro controla seus soldados com autoridade, cuidando para mantê-los juntos pela boa-fé e, por meio de recompensas, tornando-os úteis. Se a fé diminuir, haverá divisão; se as recompensas forem deficientes, as ordens não serão respeitadas".]

17. Não marche caso não veja alguma vantagem; não use suas tropas caso não que haja alguma coisa que valha a pena, ou que você e seus homens possam ganhar; não lute a menos que esteja em uma posição perigosa.

[Sun Tzu pode, às vezes, dar a impressão de ser excessivamente cauteloso, mas nunca vai longe demais em uma mesma direção, como na notável passagem do *Tao te ching*, capítulo 69. "Não ouso tomar a iniciativa, prefiro agir na defensiva; não ouso avançar dois ou três centímetros, prefiro recuar uns trinta centímetros".]

18. Nenhum dirigente deve colocar suas tropas no campo de batalha apenas para compensar sua ira; nenhum general deve entrar em um combate apenas por ressentimento.

19. Se for vantagem para você, avance; caso contrário, fique onde está.

[Trecho correspondente no capítulo XI § 17. Aqui estou convicto de que se trata de uma interpolação, pois fica evidente que o § 20 deveria vir imediatamente após o § 18.]

20. Com o tempo, a ira pode transformar-se em alegria, e o ressentimento, dar lugar ao contentamento.

21. Todavia, um reino já destruído não voltará a existir;

[O Estado de Wu estava fadado a ser um triste exemplo dessa máxima.]

os mortos não voltam à vida.

22. Portanto, o governante iluminado é atencioso, e o bom general, cheio de cautela. Essa é a maneira de manter um reino (território) em paz e um exército ileso.

[1] "A menos que você entre na toca do tigre, não conseguirá alcançar sua cria."

XIII. O USO DE ESPIÕES

1. Sun Tzu disse: Recrutar um exército de 100 mil homens e fazê-los percorrer grandes distâncias acarreta grandes perdas, tanto de vidas quanto de recursos do Estado. A despesa diária pode chegar a mil onças de prata.

[Cf. II. § 1, 13, 14.]

Haverá comoção interna e externa e homens cairão exaustos nas estradas.

[De acordo com o *Tao te ching*, capítulo 30: "No local em que as tropas são dizimadas, brotam arbustos e espinhos". Chang Yu observa: "Pode ser aconselhável que nos lembremos do ditado: 'Em terreno crítico, una-se no saque'. Assim, por que as carroças e os transportes causam exaustão nas estradas? A resposta é que não apenas os mantimentos, mas também toda a munição e os equipamentos de guerra devem ser transportados para o exército. Além disso, a ordem para 'saquear o inimigo' somente tem esse significado quando o exército está intensamente envolvido num combate em território hostil, devendo preparar-se contra a escassez de comida. Em consequência, e para não ficar apenas na dependência do milho do inimigo, devemos procurar comida de forma que não haja uma interrupção no suprimento de alimentos. Igualmente, há lugares como desertos de sal, onde não há como obter provisões; assim os mantimentos trazidos de casa não podem ser desperdiçados ou perdidos".]

Isso irá interferir no trabalho de cerca de 700 mil famílias.

[Diz Mei Yao-ch'en: "Haverá falta de homens para lidar com o arado". A alusão refere-se ao sistema de dividir a terra em nove partes, cada uma com cerca de 15 acres, sendo o lote central cultivado a favor do Estado pelos arrendatários dos outros oito. Aqui também, como nos conta Tu Mu, "suas casas pequenas foram construídas e um poço foi cavado para ser usado por todos". [Veja no capítulo II, § 12, nota]. Em tempos de guerra, uma das famílias tinha de servir no exército, enquanto as outras sete a sustentavam. Assim, uma leva de 100 mil homens (calculando um soldado em boa forma física por família) afetava o cotidiano de 700 mil famílias.]

2. Exércitos hostis podem enfrentar-se por anos a fio, lutando pela vitória decidida em um único dia. Nesse contexto, permanecer na ignorância quanto às condições do inimigo simplesmente para economizar desembolso de cem onças de prata em honras e salários,

[Aqui, fala-se dos "espiões", embora o emprego dessa palavra pudesse estragar o efeito do preâmbulo curiosamente elaborado — *se os espiões fossem realmente mencionados neste ponto.*]

é o cúmulo da desumanidade.

[Sem dúvida, o entendimento de Sun Tzu é engenhoso. Ele começa advertindo sobre a miséria aterradora, o grande derramamento de sangue e o desperdício de riquezas que a guerra sempre gera como consequência. Agora, a menos que você esteja sempre bem informado quando à condição do inimigo, e que também esteja pronto para atacar no momento certo, uma guerra pode arrastar-se por anos. A única forma de obter esse tipo de informação é empregando espiões; e é impossível achar espiões confiáveis a menos que eles recebam adequadamente pelos serviços prestados. Na verdade, lamentar o valor pago a homens com tal missão é como fazer uma poupança falsa. Afinal, todos os dias a guerra dilapida uma soma absurdamente maior e o fardo doloroso sempre cai nos ombros dos pobres. Por conseguinte, Sun Tzu conclui que negligenciar o uso de espiões não é nada menos que um crime contra a humanidade.]

3. O homem que age assim não é um líder, não oferece nenhuma ajuda real ao seu soberano nem é um mestre da vitória.

[A ideia de que o objetivo da guerra é a paz está imbuída na índole dos chineses. Voltando ao ano 597 a.C., achamos as memoráveis frases do Príncipe Chuang, do Estado de Ch'u: "A representação (chinesa) de 'valentia' é composta por (representações de) 'permanecer' e 'uma lança' (trégua das hostilidades). A valentia militar é vista na repressão da crueldade, no recolhimento das armas, na preservação do compromisso do Céu, na firme instituição do mérito, na doação de felicidade ao povo, na harmonia entre os príncipes e na distribuição da riqueza".]

4. Portanto, a *previsão* é o que habilita o sábio soberano e o bom general a atacar, conquistar e obter coisas além do alcance dos homens comuns.

[Ou seja, conhecer as aptidões do inimigo, bem como o que ele planeja fazer.]

5. A capacidade de previsão não pode ser deduzida em razão do vigor; também não pode ser obtida por meio da indução oriunda da experiência,

[Segue uma observação feita por Tu Mu: "O conhecimento do inimigo não pode ser alcançado por meio do raciocínio que parte de casos similares".]

nem por qualquer cálculo conclusivo.

[Li Ch'uan afirma: "Unidades de medida como comprimento, largura, distância e magnitude são suscetíveis a delimitações matemáticas exatas; as ações humanas não podem ser calculadas da mesma forma".]

6. O conhecimento das atitudes do inimigo só pode ser obtido por intermédio de outros homens.

[Mei Yao-ch'en faz um interessante comentário: "O conhecimento da alma do mundo deve ser obtido por meio da adivinhação; as informações sobre as ciências naturais podem ser descobertas por meio do raciocínio indutivo; as leis do universo podem ser comprovadas por meio do cálculo matemático; no entanto, as atitudes do inimigo são apuradas por meio do uso de espiões, e somente por espiões".]

7. Para isso servem os espiões, que são divididos em cinco tipos: (1) Locais; (2) Internos; (3) Convertidos; (4) Condenados; (5) Sobreviventes.

8. Quando esses cinco tipos de espiões estão juntos em ação, ninguém pode descobrir o esquema secreto. Isso é denominado "manipulação divina dos fios" e esse é o poder mais precioso do soberano.

[Cromwell, um dos maiores e mais práticos de todos os comandantes de cavalaria, tinha oficiais intitulados "líderes batedores", cujo negócio era colher todas as informações possíveis sobre o inimigo, por intermédio de batedores e espiões, e grande parte dos êxitos na guerra advinha do conhecimento prévio sobre as manobras do inimigo. [1]]

9. Ter espiões locais significa empregar os serviços de habitantes de um distrito.

[Diz Tu Mu: "No território do inimigo, conquiste homens do povo com bom tratamento e, então, utilize-os como espiões".]

10. Ter espiões internos significa usar funcionários do inimigo.

[Tu Mu enumera as seguintes classes que provavelmente trabalhariam bem nesse aspecto: "Homens dignos que haviam sido rebaixados de cargo; criminosos que já haviam cumprido pena; e mais: concubinas protegidas ávidas por ouro; homens discriminados por ocuparem cargos subalternos, ou rejeitados quando da atribuição de cargos; homens desejosos de que o colega fosse derrotado para que eles pudessem mostrar suas habilidades e talento; desertores volúveis que querem sempre ficar com um pé em cada lugar. Funcionários assim devem ser abordados secretamente e atraídos por presentes caros. Assim, você conseguirá descobrir o que está acontecendo no território inimigo, certificar-se dos planos contra você e, ademais, perturbar a harmonia e promover uma ruptura entre o soberano e seus ministros". Todavia, a necessidade de cautela extrema ao negociar com "espiões internos" advém de um incidente histórico relatado por Ho Shih: "Lo Shang, Governador de I-Chou, deu ordens para que um general seu, Wei Po, atacasse o rebelde Li Hsiung, de Shu, que estava em sua fortaleza situada em P'i. Depois de cada lado ter obtido várias vitórias e derrotas, Li Hsiung buscou os serviços de um certo P'o-t'ai, natural de Wu-tu. Ordenou que fosse açoitado até sair sangue; em seguida, que fosse enviado para Lo Shang, a quem deveria enganar com uma oferta de cooperação local, e sinalizasse com fogo o momento favorável para um ataque generalizado. Acreditando nas promessas desse espião interno, Lo Shang pôs em marcha todas as suas melhores tropas e colocou o general Wei Po e outros à frente, com ordens para atacar ao comando de P'o-t'ai. Nesse meio-tempo, o general do rebelde Li Hsiung, cujo nome era Li Hsiang, preparou uma emboscada no caminho; e P'o-t'ai, que havia colocado escadas enormes contra as muralhas da cidade, acendeu o fogo. Os homens de Wei Po se apressaram quando viram o sinal; imediatamente, começaram a subir as escadas com a maior rapidez possível, enquanto outros eram puxados por cordas atiradas de cima. Mais de cem soldados de Lo Shang entraram na cidade dessa forma e, logo em seguida, foram todos degolados. O rebelde Li Hsiung atacou com todas as suas forças, dentro e fora da cidade, aniquilando o inimigo por completo". O fato ocorreu no ano 303 d.C. Não sei a fonte dessa história contada por Ho Shih. Não consta da biografia de Li Hsiung ou da biografia de seu pai, Li T'e, *Chin shu*, capítulos 120, 121.]

11. Ter ESPIÕES CONVERTIDOS significa apoderar-se de espiões do inimigo e usá-los para os nossos próprios objetivos.

[Por meio de subornos irrecusáveis e promessas generosas, conseguimos que finjam continuar a serviço do inimigo e os induzimos a levarem informações falsas a ele; e que, simultaneamente, também espionem seus próprios patrícios. Por outro lado, Hsiao Shih-hsien diz que devemos fingir não detectá-lo, e fazer que ele leve uma falsa impressão sobre o que está acontecendo. Vários dos comentaristas aceitam isso como uma definição alternativa; mas o que Sun Tzu quis dizer pode ser provado por meio das observações que faz depois sobre tratar generosamente o espião convertido [Veja § 21 e páginas seguintes]. Ho Shih menciona três ocasiões nas quais os espiões convertidos foram usados com sucesso evidente: (1) por T'ien Tan em sua defesa em Chi-mo; (2) por Chao She em seu deslocamento para O-yu; e (3) pelo ardiloso Fan Chu em 260 a.C., quando Lien P'o estava conduzindo uma campanha defensiva contra Ch'in. O Rei de Chao desaprovou, com veemência, os métodos cautelosos e lentos de Lien P'o, que tinham sido inúteis para evitar uma série de desastres menores; assim, passou a prestar muita atenção aos relatórios de seus espiões, que secretamente foram até o inimigo já a serviço de Fan Chu. Diziam os espiões: "A única coisa que causa inquietação em Ch'in é o receio de que Chao Kua se torne general. Eles consideram Lien P'o um inimigo fácil, que deve ser derrotado mais cedo ou mais tarde". Chao Kua era um astro do famoso Chao She. Na infância, já era completamente fascinado pelo estudo da guerra e assuntos militares; até, por fim, acreditar que não havia um único comandante no Império inteiro que ousasse fazer-lhe oposição. Seu pai, preocupado com tamanha arrogância e também com a irreverência que ele usava para falar de um assunto tão sério como a guerra, solenemente declarou que, se algum dia Kua fosse nomeado general, ele traria a desgraça para a força militar de Chao. Esse era o homem que, apesar dos sinceros protestos de sua própria mãe e do estadista Lin Hsiang-ju, foi enviado para substituir Lien P'o. Desnecessário dizer que ele não estava à altura do respeitável Po Ch'i e do grande poderio militar de Ch'in. Ele caiu em uma armadilha que provocou a divisão do seu exército em dois e cortou seus meios de comunicação; e depois de uma resistência desesperada que durou 46 dias, durante os quais os soldados famintos devoraram uns aos outros, ele foi morto por uma flecha. Sua tropa inteira, que supostamente tinha 400 mil homens, foi brutalmente "passada" à espada.]

12. Os ESPIÕES CONDENADOS são os que abertamente fazem determinadas coisas com o propósito de enganar, e deixam que os verdadeiros espiões saibam sobre eles e os delatem ao inimigo.

[Tu Mu faz melhor exposição: "Alardeamos o que fazemos de modo a enganar os nossos próprios espiões, que devem ser levados a acreditar que foram descobertos involuntariamente. Por isso, quando esses espiões são capturados em território inimigo, eles fazem um relatório inteiramente falso; e o inimigo, de acordo com tal relatório, toma as medidas cabíveis, até perceber que estamos fazendo algo bem diferente. Também, por causa disso, serão mortos". Como exemplo de espiões condenados, Ho Shih menciona os prisioneiros que Pan Ch'ao libertou em sua campanha contra Yarkand. Ele também fala de T'ang Chien,que, em 630 d.C., foi enviado por T'ai Tsung para tranquilizar o turco Kahn Chieh-li com uma promessa imaginária, até que Li Ching conseguiu golpeá-lo com toda sua força. Chang Yu conta que os turcos se vingaram ao matar T'ang Chien, mas isso foi um erro, pois lemos, tanto na *Old T'ang History* quanto na *New T'ang History* [capítulo 58, fol. 2, e capítulo 89, fol. 8, respectivamente], que ele escapou e viveu até 656. Li I-chi desempenhou papel semelhante no ano 203 a.C., quando foi enviado pelo Rei de Han para iniciar negociações de paz com Ch'i. Ele certamente tem mais direito a ser denominado "espião condenado", pois o Rei de Ch'i, sendo de imediato atacado sem ser avisado por Han Hsin, e enfurecido pelo que considerou traição de Li I-chi, ordenou que o infeliz mensageiro fosse fervido em uma caldeira.]

13. ESPIÕES SOBREVIVENTES são os portadores de notícias do acampamento inimigo.

[Esses são os espiões comuns, da parte regular do exército. Tu Mu diz: "Seu espião sobrevivente deve ser um homem de inteligência e instinto apurados, embora sua aparência externa seja a de um bobo; deve parecer um maltrapilho, mas ter uma vontade de ferro. Deve ser rápido, robusto, dotado de força física e coragem, além de estar inteiramente acostumado a todos os tipos de trabalho sujo; deve ser alguém capaz de suportar fome e frio, bem como a vergonha e a desonra". Ho Shih conta a história de Ta'hsi Wu, da dinastia Sui: "Quando governava Ch'in Oriental, Shen-wu, de Ch'i, fez uma manobra hostil em Sha-yuan. O Imperador T'ai Tsu (Kao Tsu) enviou Ta-hsi para espionar o inimigo. Ele estava acompanhado por outros dois homens; os três estavam montados e usavam o devido uniforme do inimigo. Quando escureceu, desmontaram a algumas centenas de metros do acampamento inimigo e, sem fazer qualquer barulho, rastejaram para escutá-lo até conseguiram saber os códigos usados pelo exército. Em seguida, voltaram a seus cavalos e, valentes, passaram pelo acampamento fingindo ser vigias noturnos. Quando se depararam com um soldado que estava violando a disciplina, chegaram a ponto de parar e acertar o infeliz com uma forte cacetada! Então, retornaram com uma riqueza de detalhes sobre o inimigo e receberam merecidos elogios, além de toda a admiração do imperador, que, devido ao relatório apresentado, conseguiu derrotar o inimigo de forma avassaladora".]

14. Assim sendo, nunca haverá em todo e qualquer exército relação mais próxima que a mantida com os espiões.

[Tu Mu e Mei Yao-ch'en enfatizam que o espião é alguém privilegiado, pois pode entrar até mesmo na tenda onde dorme o general.]

Nenhuma outra relação deveria ser mais generosamente recompensada. Nenhum outro negócio deveria ser mais secreto!

[Tu Mu dá um toque visual: todas as comunicações com os espiões deveriam ser feitas "da boca ao ouvido". As seguintes observações sobre espiões podem ser citadas a partir do que sabemos sobre Turenne, que talvez tenha sido o militar que os tenha usado mais do que qualquer outro comandante antes dele. "Os espiões são agregados a quem lhes dá mais; os que pagam pouco nunca obtêm seus serviços. Eles nunca devem ser conhecidos por quem quer que seja nem devem conhecer uns aos outros. Quando propõem algo muito material, vigie seus familiares, ou mantenha suas esposas e filhos como reféns, para que a lealdade seja respeitada. Nunca lhes fale nada, salvo o que for absolutamente necessário, ou melhor, aquilo que eles devem saber".] [2]

15. De nada adianta usar espiões sem um certo grau de inteligência e intuição.

[Diz Mei Yao-ch'en: "Para usá-los, deve-se saber discernir o que é fato e o que é mentira, o que é honestidade e o que é falsidade". Wang Hsi tem uma interpretação diferente dentro do espírito de "percepção intuitiva" e "inteligência prática". Tu Mu, de modo singular, aplica estes atributos aos próprios espiões: "Antes de usar espiões, devemos nos assegurar de sua retidão de caráter, bem como de sua experiência e habilidade". E prossegue: "Um aspecto arrogante e uma disposição ardilosa representam mais perigos do que montanhas ou rios; só um gênio para compreender tipos assim". Ficamos na dúvida sobre sua verdadeira opinião sobre esse parágrafo.]

16. Os espiões são usados apenas da maneira adequada, quando há boa vontade e franqueza.

[Chang Yu observa: "Quando você os atrai por meio de ofertas generosas, trate-os com absoluta sinceridade; dessa forma, eles o servirão com total lealdade".]

17. Não dê credulidade aos relatórios que eles apresentam caso não tenham uma sutil habilidade mental.

[Mei Yao-ch'en afirma: "Esteja muito atento, pois sempre há a possibilidade de que os seus espiões estejam a serviço do inimigo".]

18. Seja criativo e use os espiões para os mais variados assuntos.

[Cf. VI. § 9.]

19. Se uma notícia secreta é divulgada por um espião antes da hora adequada, ele deve morrer junto com o homem a quem contou tal notícia.

[Palavra por palavra, a tradução aqui é a seguinte: "Se os assuntos do espião são conhecidos antes da realização dos nossos planos, etc.". A questão fundamental de Sun Tzu nessa passagem é: Considerando que você mate o próprio espião "como castigo por revelar o segredo", a finalidade de matar o outro homem é apenas, como registra Ch'en Hao, "a de calar sua boca", evitando, assim, futuros vazamentos de notícias. Se o segredo já tiver sido repassado a outras pessoas, de nada adiantará o castigo. De qualquer maneira, Sun Tzu fica vulnerável a ser acusado de ser cruel, embora Tu Mu tente defendê-lo ao dizer que o homem merece morrer, pois o espião certamente não teria contado o segredo a menos que o outro não tivesse se esforçado para arrancar-lhe a informação.]

20. Se o objetivo é exterminar um exército, atacar uma cidade ou assassinar um indivíduo, devemos descobrir os nomes dos subalternos, dos ajudantes de campo,

[Literalmente, segundo Tu Yu, a palavra "visitantes" equivale a "aqueles cuja função é manter o general bem informado", o que, é obvio, implica reuniões frequentes com ele.]

dos mensageiros e dos sentinelas do general no comando. Nossos espiões devem ficar encarregados disso.

[Como primeiro passo, não hesite em apurar se qualquer um desses importantes funcionários pode ser subornado.]

21. Os homens do inimigo que vêm espionar-nos devem ser identificados, tentados a aceitar suborno, conduzidos e alojados com conforto. Assim, eles serão espiões convertidos e, portanto, úteis para nós.

22. É por meio das informações trazidas pelo espião convertido que conseguimos comprar e utilizar espiões locais e internos.

[Diz Tu Yu: "pela conversão dos espiões do inimigo sabemos quais são as reais circunstâncias do inimigo". E Chang Yu acrescenta: "Devemos atrair o espião convertido para o nosso lado, porque é ele que sabe quais habitantes locais são muito gananciosos, e quais funcionários e oficiais são abertos à corrupção.]

23. Em razão de informações vindas desse tipo de espião é que, novamente, podemos fazer que o espião condenado leve notícias falsas para o inimigo.

[Chang Yu completa: "porque o espião convertido sabe como o inimigo pode ser mais facilmente enganado".]

24. Por fim, é devido às suas informações que o espião sobrevivente pode ser utilizado em diversas ocasiões.

25. O propósito da espionagem, em todas as suas cinco categorias, é conhecer o inimigo; e tal conhecimento pode apenas ser obtido, em primeiro lugar, a partir do espião convertido.

[Como explicado nos § 22-24. Ele não só traz informações, mas torna possível o uso dos outros tipos de espiões.]

Portanto, é fundamental que o espião convertido seja tratado com extrema generosidade.

26. Como sabemos, a ascensão da dinastia Yin

[Sun Tzu refere-se à dinastia Shang, que surgiu no ano 1766 a.C. Seu nome foi mudado para Yin por P'an Keng, em 1401.]

deveu-se a I Chih,

[Mais conhecido como I Yin, o famoso general e estadista participou da campanha de Ch'eng T'ang contra Chieh Kuei.]

que servira à dinastia Hsia. Igualmente, a ascensão da dinastia Chou deveu-se a Lu Ya,

[Lu Shang avançou para cargos mais importantes quando serviu ao tirano Chou Hsin, que mais tarde ajudou a derrubar. Popularmente conhecido como T'ai Kung, um título que lhe foi outorgado por Wen Wang, há quem diga que ele redigiu um tratado sobre guerra, erroneamente identificado com o *LIU T'AO*.]

que servira à dinastia Yin.

[Há menos precisão no chinês do que pensei, por isso achei melhor apresentar minha tradução; além de os comentários sobre o episódio não serem absolutamente explícitos. No entanto, tendo relação com o contexto, dificilmente podemos duvidar que Sun Tzu está apoiando I Chih e Lu Ya como exemplos ilustres de espiões convertidos, ou algo bem parecido. Sua sugestão é que, como as dinastias Hsia e Yin estavam desnorteadas devido ao profundo conhecimento de suas fraquezas e deficiências, esses ex-ministros foram capazes de passar para o outro lado. Mei Yao-ch'en parece ressentir qualquer calúnia a esses nomes históricos, e diz: "I Yin e Lu Ya não se rebelaram contra o governo. Hsia não poderia empregar I Yin, consequentemente Yin o empregou. Yin não poderia empregar

Lu Ya; então, Hou o empregou. Seus grandes feitos foram todos pelo bem do povo". Ho Shih também fica indignado: "Como dois homens divinamente inspirados, assim como I e Lu, poderiam ter agido como espiões comuns? A referência que Sun Tzu faz a respeito deles significa que o uso adequado das cinco classes de espiões é um assunto que requer homens com alto calibre intelectual, como I e Lu, cuja sabedoria e capacidade os qualificavam para a tarefa. As palavras mencionadas vêm a enfatizar esse ponto". Assim, Ho Shih acredita que os dois heróis são mencionados por causa de sua suposta habilidade com o uso de espiões. Mas isso não tem lógica.]

27. Portanto, somente o governante iluminado e o general prudente usarão as mais dotadas inteligências do exército para finalidades de espionagem, obtendo, dessa forma, excelentes resultados.

[Tu Mu fecha com uma advertência: "Assim como a água, que transporta um barco de uma margem para outra, pode também afundá-lo, a confiança nos espiões, se por um lado produz bons resultados, por outro é frequentemente a causa da mais completa destruição".]

Os espiões são o mais importante elemento da guerra, pois neles repousa a capacidade de movimentação de um exército.

[Chia Lin diz que um exército sem espiões é como um homem sem orelhas ou olhos.]